U0944847

生命的方向

让梦想照亮生命的山河

赵启正·吴建民·任志强·潘石屹·俞敏洪·杨澜·康辉·路一鸣 等/著

求真出版社

图书在版编目（CIP）数据

生命的方向/赵启正、吴建民等著. —北京：求真出版社，2011.9

ISBN 978-7-80258-126-5

Ⅰ.①生… Ⅱ.①赵…②吴… Ⅲ.①人生哲学—青年读物 Ⅳ.①B821-49

中国版本图书馆 CIP 数据核字（2011）第 139195 号

生命的方向

作　　者：赵启正　吴建民等
出版发行：求真出版社
社　　址：北京市西城区太平街甲 6 号
邮政编码：100050
电　　话：（010）83190295　83190217
印　　刷：北京佳信达欣艺术印刷有限公司
版　　次：2011 年 9 月第 1 版
印　　次：2011 年 9 月第 1 次印刷
开　　本：700 毫米×1000 毫米　1/16
印　　张：17.5
字　　数：210 千字
书　　号：ISBN 978-7-80258-126-5/B·16
定　　价：28.00 元

再造中國
走向未來

庚寅夏南懷瑾題

国学大师南怀瑾题词

传递思想，分享生命，成功者以自己的生命实践引领下一代的成长，未来中国这个创意正是时代所需。

林毅夫

『领军人物大讲堂』的活动很有新意。好的名称，新的内容，各方努力，成功在望。

赵启正

因光而生

——让梦想照亮生命的山河

（序）

这本《生命的方向》汇聚的是“未来中国”的创始常务理事、理事和导师们的心血，这里收录的，或者是他们的演讲，或者是他们的撰稿，每一个文字都凝结着他们对青年人的殷切希望，对“未来中国”的美好期盼。它承载着太多人的希望与努力，因此会有书后那样一份长长的鸣谢名单；同时它也铭记着“未来中国”秘书处团队一年来在全国的奔波：赵媛媛，黄珊，吴会超，关超，宇春美，罗爱华。这本书的每一位作者都是赫赫有名的大德，却用了两个“草根”——我和一位普通大学生的文章作为后记，为的是表达两代人的精神世界，为的正是“未来中国”的宗旨：传递思想，分享生命。

2010年7月6日，“未来中国”这一智力公益的马拉松在上海世博会启程，转眼秋去春来，在它即将一岁生日的时候，《生命的方向》诞生了。它记录了“未来中国”诸位大德的声音；它传递了全国众多学子的热情；它呈现了一场又一场的公益演讲；它抒发了几代人关于生命的情怀。点亮自己，会照亮别人！点亮别人，会照亮自己！我们相信：生命与激情是因光而生的。

2011年“未来中国·领军人物大讲堂”的主题是梦想。在华东理工大学，九岁就失明的民谣音乐人——周云蓬说，每个人都应当有自己的梦想，梦想有时候不见得是用来实现的，你走向梦想的过程是最有意思的，它可以把你的现实照得很亮。“未来中国”在2011年的春天，跟所有的年轻人一起种梦想，这颗种子是我们值得用一生的心血来浇灌的，它是生命恒久的力量与前行的方向。我们相信：梦想与信念是因光而生的。

石家庄铁道大学四方学院位于石家庄的元氏县，那里近2000名学生即将毕业，我怕“成功”二字误把这些满怀激情的孩子引向人生岐岖的小路，于是请来独立学者、天才少年子尤的妈妈——柳红与他们对话，希望孩子们将来能够有独立的品格，独立思考，独立行走；也希望这些即将走出校门的孩子听一听一位母亲的叮咛。柳红把爱、关怀、责任这三个词烙在了同学们的心中，这位经历过丧子之痛的母亲，如和煦春风般地娓娓道来，深深打动了学生们，于是情不自禁地叫她“柳妈妈”。这样的场景让我们相信：爱与温暖是因光而生的。

残奥会冠军侯斌在西安电子科技大学演讲结束的时候，我带着全场的同学们举起了双臂——这是侯斌刚刚高举的两根人生魔杖：感恩与信念。他年之后，同学们可能在人生的路上遇到各种各样的困难，但他们会想起自己当初响亮而庄严的声音在礼堂一次又一次的回响：感恩，信念！侯斌告诉这些年轻人：无人喝彩时，也要坚持！生命的要务不是超越别人，而是超越自己。你的成就永远大于你的想像！在绝望中要看到希望！“看着侯斌坚毅的面容、从容的表情，还有那感人而又激励人心的话语，心中平添了许多的感动。未来中国的可贵之处在于她能够将我们心中的梦想挖掘出来，放大并最终实现它。于是，从那时起，我就默默地下了决心，一定要加入“未来中国”这个大家庭，一定要为她奉献自己的青春和汗水。”吕叶靖同学的话让我们听到：勇气与自信是因光而生的。

在重庆工商大学，那些踌躇满志、准备将来披金戴银的学生们，面对的嘉宾却是香港著名的“苦难专家”查锡我先生。题目是“梦想——生命的最初意义”。当你困惑、沮丧、悲伤的时候，当你不明白为何而活的时候，我建议大家听一听他的故事。演讲结束后，同学们久久不肯散去。王建国，重庆工商大学的一名学生、学生社团的负责人之一。因为病疾，他的脚走路一跛一跛的，因家境贫寒，他以管理整个校园的书报亭来勤工俭学。“未来中国”到重庆工商大学，他参与了从始至终的申请与接待。为了减少查先生舟车劳顿的疲劳，他竟动员了书报亭的供应商开着私家车来接机。整场讲座他忙前忙后，挨了很多累，也受了不少委屈，我摸到他的后背，上衣被汗水浸湿得可以拧下水来了。在查先生和王建国这两代人身上，我们看到：坚韧与力量是因光而生的。

我的父亲就在“未来中国·领军人物大讲堂”本学期最后一场讲座的第三天去世了。天津的张巧云同学写信安慰我：“我不再为您难过。因为我知道您心里有安静的明澈的光，那光芒足以照亮您自己，那光芒会让一切艰辛、艰难都转化为您心里更平静、更坚定、更强大的力量：这是善的力量，这是慈悲的力量；这是内心因为光明，因为无有贪念，于是无畏无惧的力量！前面有无数您这样的人们，你们内心的光，在照着我的路。如此，愿我的这一小小生命的力量，也能成为那太阳之光中的一点、一滴、一线，给更多人的生命以更多欢欣。”她这段话其实是写给所有为“未来中国”奉献的人们，我们相信：善良与慈悲是因光而生的！

春到花香处处秀，山河大地是如来。让梦想照亮生命的山河，因为每一个生命都应当是壮美的，不是吗？

让我们聚合的力量散发如太阳般的光芒，让更多人的生命更加欢欣——因为，未来中国正是因光而生的！

期待着您的生命光芒在这里汇聚！

未来中国创始人兼总干事　王红

2011 年 6 月 26 日

目　录

I　有梦想才有希望

Ⅱ　先成长后成功

Ⅲ　奋斗改变人生

I　有梦想才有希望

梦想不是终点，梦想是一个旅程。在梦想花开的路上，我们要感受生命、阅读生命。

交流助梦想成真

中共十六届中央委员、国务院新闻办公室原主任　赵启正
国际展览局名誉主席、欧洲科学院院士、副院长　吴建民
微软公司全球资深副总裁　张亚勤

主持人（中央电视台主持人路一鸣）：今天论坛的主题是“交流助梦想成真”。我们先把时间交给各位导师，请他们每人用两分钟的时间和同学们交流一下。

不善于交流是要吃大亏的

赵启正：今天的题目是“交流”，我跟吴建民大使合著过一本书——《交流使人生更美好》。多少年来我们都认可一句话：成功 = 机遇 + 勤奋，但是细想一下，是不是可以改成“成功 = 机遇 × 勤奋”呢？一个人，无论他的阅历和出身如何，总会有一些或大或小的机会，但是勤奋则不一定。如果说成功是机遇加勤奋，那勤奋如果是零呢，难道还能成功？所以我们把“加”改成“乘”，这样的话，如果不努力，结果就是零。并且要乘的不止是勤奋和努力，还有一个非常重要的因素——交流。我与吴建民大使在许多场合都有同感——现在即使是很优秀的青年，他们的交

流能力也没有达到应有的水准。

吴建民：我是搞外交的。搞外交的人观察世界，观察自己，观察各行各业的精英分子及国内外的领导人。这么多年观察下来，我的感受是：中国人不善于交流。这是我们教育上的缺陷。而不善于交流是要吃大亏的，一个人来到世界上，要想成功，要想进步，要想赢得尊重，都需要交流的能力。你很有本事，但是你不懂交流，那么你的本事谁能知道呢？

张亚勤：我今天很荣幸和两位长者在一起，也很高兴有机会与大家交流。赵院长是我的学长，我也学我的学长用公式来表示成功，我的公式是：成功 = IQ × EQ × 阿 Q，阿 Q 就是要有非常好的心态，特别是在遇到困难、遇到问题的时候。

每次到学校演讲，大家都会问我同一个问题：什么是人才，什么是领导力？在过去 20 年中我有幸在很多优秀企业工作过，我自己在试图总结的过程中发现，不同的领导人，在不同的企业、不同的领域，每个人领导的方式不一样，沟通的技巧也不一样。但他们有一些共同点，表现在四个方面：第一，他们都有一种使命感，来到这个世界并不是为了赚钱，而是为了做好一件事；第二，他们都有一种简化问题的能力，这些领导可以把很复杂的问题和现象用简单的语言、公式概括总结出来；第三，他们都有一种自信，有些人可能说话声音很细，可能性格比较腼腆、内向，但是如果你看他的眼睛就能感觉到一种坚定、一种自信，沟通能力很重要；第四就是判断力及心态，他们能够根据自己的感觉、直觉在复杂的形势下做出有效的判断。

生命不息，贡献不停

主持人：张总比赵院长低 20 级，他是中国科技大学少年班 78 级的学生，那年他只有 12 岁。

我的第一个问题是：三位导师怎么评价“未来中国”？

赵启正：“未来中国”代表的是中国的明天。生命不息，贡献不停，我这个年龄还能再做点什么事情呢？就是跟年轻人交朋友，我觉得这是很有益于青年的。一个年轻人，要想拥有超前的智慧，一是跟长者、智者交流，他们一生积累的经验、阅历可以给年轻人很多的启发；二是读好书。相比而言，读书是可以自己控制的事，而与长者、智者交流却需要机缘。我们愿意与年轻人交朋友，把我们对人生的经验和感悟告诉他们，与他们交流。

吴建民：一个人总要问自己来到这个世界上要干什么？活在这个世界上，可以为自己过一辈子，可以为家庭过一辈子，也可以为国家、民族过一辈子，我最终选择了后者。这是一个意见争鸣的时代，我们的经验、教训可以让年轻人思考，让他们甄别、选择，从而增长智慧，做出自己的判断。这对国家、对民族都是有意义的。

张亚勤：要不断学习，不断跟智者进行交流，永远抱着一个年轻的心态和年轻人多沟通。

假如我是大一新生

主持人：三位是不同年代的大学生，我现在有个临时命题，叫“如果我是一名 2010 年入学的大一新生”。

张亚勤：如果我明天入学，我首先要选择一个我感兴趣、有激情的专业；其次，我会找一个比我高一两级的同学作为良师益友；第三，我会尽量开拓我的眼界，听各种各样的讲座；第四，我会对未来充满乐观，充满理想，同时也更加务实。

吴建民：如果我是一名新生，第一要立志——我这辈子是要做什么？当今社会诱惑太多，如果没有志向很容易被诱惑；第二要勤奋，学海无涯，要珍惜大学提供的学习机会；第三要学会与人团结，要能够跟各种各样的人相处、打交道，这是一种本事、一种能力；第四要自律，凡能成大事者都是能够自律、能自己管住自己的人。

赵启正：如果今年我刚上大学，第一是要树立理想，一个是硬理想，一个是软理想，硬理想是要选好专业，想好未来做什么职业，软理想是做一个懂得感恩的人；第二是要永远保持一种激情，人没有激情就不会前进；第三是要有责任感，对家庭、对同学、对社会有责任心；第四是要诚实，当年深圳提出一个口号：时间就是金钱，效率就是生命。今天我们应该把它改一下：时间就是金钱，诚信就是生命。

“人生难得一知己”

主持人：作为同学们的代言人，我要向三位提出这个问题：大学期间能不能谈恋爱？

赵启正：我们那个时候是严禁谈恋爱的，而且我想谈也没有，因为我们核物理专业不太适合女同学。我的头发掉了，我女儿都问我是不是放射引起的。大学里面谈恋爱，我觉得应该顺其自然。

吴建民：我16岁上大学，心都放在学习上。大学毕业后直接上研究生，然后出国，我是在回国工作后才开始谈恋爱的。今天回过头来看，人生难得一知己，若是发现有和你志同道合、可以做终身伴侣的，那就要把握，如果没有这样的人，也不要勉强。

张亚勤：我情况也比较特殊，上大学时才12岁，也不可能谈恋爱。我在读研究生的时候，认识一个女孩子，现在我们结婚已经22年了。我鼓励大家谈恋爱。回看我的大学，第一是学到很多知识；第二是植根了一种理想主义；第三是认识了女朋友。但是大家一定不要为了谈恋爱而谈恋爱，重要的是要找到知己。

网络不能取代人与人的交流

主持人：现在的大学生和三位上大学时所处的环境完全不一样了，比如说上网现在已经成为同学们生活的一部分。那么，上网获取信息和我们传统的通过读书求知，怎么平衡，怎么在时间上分配呢？

吴建民：网络的出现会改变人的生活，改变我们的学习方式。但是我要奉劝同学们：网络不能取代人和人之间的交流。网络的确便利于人们进行沟通，但提高交流能力更重要的方式是实践，比如在我们这样的场合，在大庭广众之下提问题，就是一种实践，对提高你的交流能力将大有好处。常有人请我去做讲座，他们经常会问我同一个问题：交流有什么技巧？我说吴某人不喜欢技巧，我喜欢真功夫，经过自己的实践，然后自己一点一点地成长。这就是真功夫。要勤于总结，一个不善于总结的人会进步得比较慢。

张亚勤：包括网络、手机在内的高科技是一把双刃剑，有利有弊。我们要把技术、把网络作为工具，而不能被它们所控制和奴役。我自己基本上不看电视，虽然也上网，但是每天上网时间一般控制在两小时左右，有三个小时不上网也不打电话，就是看书。网络使人的直接交往越来越少，它降低了人面对面沟通的能力。我觉得人最终会战胜技术，会回归到自然。

赵启正：大家知道哲学有历史哲学、科学哲学等分支，近些年又出现了一种哲学叫技术哲学。技术哲学提出的一个问题就是技术进步得太快，以至我们人的步伐跟不上技术进步的步伐：你买一个手机还没有怎么用呢，第二代已经出来了。人对技术的不断追逐带来进步，但是也产生了一个问题：技术是人的奴隶还是人是技术的奴隶？追求技术进步本身并没有错，但是面对技术如此快速的发展，我们必须去深刻地思考该如何应用技术。

主持人：从个体到群体，从个案到全局，这是我们导师丰富的人生经历所赋予他们的一种思维能力。希望同学们也能够在读书、学习、增长见识的过程中培养起这样一种能力。

青年一代要有大国胸怀

学生：尊敬的嘉宾您好，交流不仅涉及到人和人之间的关系，也涉及到群体和群体以及国家和国家之间的关系。有专家指出，国之交在于民相亲，不知道您如何看待这个问题？

赵启正：两国的关系基础的确在于两边民众的感情，重要的是要进行文化交流，对于文化不同的民族要互相尊重，不能另眼看待。这说起来简单，但实际上做起来很难，因为大家有不同的信仰，有不同信仰的人往往把对方看作另类教徒。很多外国人说中国人没有信仰，不相信天堂也不相信地狱，然而他们错了。几千年前，孔夫子就说过："己所不欲，勿施于人。"这句话非常好，我们中国的信仰是文化信仰，文化信仰的好处就是不会引起不同宗教之间的隔阂，这是中华民族的伟大之处。

吴建民：国家、民族之间的关系和两国民众相互了解的程度密切相关。因为在历史上日本对我国人民造成了巨大的伤害，所以现在中国有这种现象：好像骂日本就是爱国。这是不对的。历史不能忘记，但仇恨不能遗传，骂日本也不一定就是爱国，我们不该随意谩骂。战争是日本的军国主义者发起的，我们不能把这个仇恨记到今天的日本人身上。21 世纪的中国青年要有很广阔的胸怀，要放眼世界。我们为什么会被人家欺负，就是因为封闭，封闭导致落后，落后导致挨打。这种激进的伪爱国是无益于国家发展的，对今天的日本人也不公正，如果我们一直抱着这种狭隘的态度，就很难融入到这个世界。

坚持理想，亦要脚踏实地

学生：我想问一下张老师，您怎么看待交流的“技巧”？

张亚勤：交流时不要讲套话，要有信息量，现在很多教育学院所讲的，是怎么样包装自己，怎么样更圆滑。其实我觉得应该更直截了当、开诚布公地交谈。只有坦诚的交流才会使人生更加美好。

学生：我有一个疑惑，因为一些朋友已经事业有成，和他们交流越多，自己的压力越大。

吴建民：你之所以感到很迷茫，是因为你觉得今天的机会已被别人拿走，而你看不到今后的机会。我的看法是，今天中国发展的机会可能是全世界最多的，你没有看到但并不表示这些机会不存在。要学会努力去发现机会，去汲取过去同学抓住机会的经验，争取在以后出现机会时把它抓住。现在的任何悲观都是没有道理的，机会并没有越来越少。你们还要学会自己创造机会，机会并不是都空等着你的。

学生：我非常崇拜周总理，请问吴建民大使，周总理给您带来什么影响？

吴建民：我给周总理当过若干次翻译，我感觉总理是当代外交之父。你现在到非洲去，那里的人还在念叨周恩来。周总理一个很大的特点是尊重打交道的对象，特别是小国、弱国、穷国，总理对那种瞧不起小国的人深恶痛绝。我觉得今天的中国青年学会尊重别人很重要，这样会为中国赢得很多朋友，中国需要朋友，中国不需要敌人。

学生：我想问一下张总，当理想与现实发生不可调和的矛盾的时候，我们是该坚持还是该放弃？

张亚勤：现在年轻学生的选择太多了，我们那个时候没有这么多的选择。理想是很重要的，理想是长远的目标，是我们的原则，而现实有的时候可能是短期的。在长期和短期的冲突当中，我永远选择长远的。但是我也反对大家只是去谈理想，去做梦，因为理想一定要有好的执行力，要有责任感，只有这三者结合才能成为一个成功者。

（2010年9月10日，“未来中国·领军人物大讲堂”走进中国人民大学）

梦想——生命最初的意义

香港执业大律师、认可调解员 查锡我

主持人：我们很小的时候学过一首诗，“月黑见渔灯，孤光一点萤……”，作者是查慎行。他是清朝的著名诗人，做过编修。可能在座的对“编修”这个身份没有多少概念。编修，是当时中国知识分子的最高水平、最高荣誉、最高身份的象征，没有比这个更高的。读中学时，看金庸先生的小说，才知道金庸先生原名叫查良镛，也姓查。金庸先生的小说陪伴我们度过了青春时光。今天来到重庆工商大学做公益讲座的老先生也姓查，并且是金庸先生的叔公。

在中国传统文化的历史长河中，总有这么一些人，他们居庙堂之高，出江湖之远，先天下之忧而忧，后天下之乐而乐。查老先生就是这样的人。他今年已是62岁，可常年奔波在祖国大江南北，做公益演讲。他并不是为了自己，而是为了国家和民族。当年一个美国总统到中国访问的时候，站在北京大学的图书馆前，面对40多万的大学生，他说的第一句话是：“今天很高兴，来和中国未来的领导人见面。”这个人说的一定不是他面前站着的几位领导，他指的是一个群体——大学生。查老先生以花甲之年在秉承中国宋代大儒张载的理念，作为一个优秀的知识分子，应该是这个样子的。为天地立心，为生民立命，为万事开太平，这是一个很大的任务。查老先生以他个人的具体行动在践行大儒应该做的事情。请以热烈的掌声欢迎查老先生为我们带来今天精彩的讲座！

查锡我：我非常感谢有这个难得的机会来跟大家分享我生命的故事和我对生命的看法。我希望大家不仅是听，我讲完之后欢迎你们提问，任何问题都可以提，什么问题都可以问。但是你别问我廉政公署的情况，因为廉政公署是非常保密的，我在廉政公署的时候都不会讲廉政公署办的案。除了廉政公署办的案，什么问题都可以提。

要想清楚梦想的意义

“梦想——生命最初的意义”这个题目是主办机构给我的。这个题目我也想了一段时间，生命最初的意义是什么？梦想是什么？梦想跟理想有什么分别呢？

我们小时候会突然有一个冲动想去做某些事情，比如我小时候想做飞天侠，什么地方出现问题都可以去解决。年纪大一点的时候就想做消防员，我觉得做消防员非常有意义，能去火场里面灭火救人——可惜我戴眼镜不能进去。我的小孩很小的时候理想是什么？他想开一家航空公司，有很多飞机，想飞去哪里都可以。后来再长大一点，我就问他将来想做什么，他说：“我想盖房子，很好玩。”所以我们有梦想，也有理想。

对我来讲，梦想是不一定会付出努力去争取实现的，可是理想就比较实际一点，理想就是我们真的想付出努力、向着那个方向前进并希望达到的目标。

我们要自己问自己，我的梦想是什么？我的理想是什么？除此之外，还要问自己一个问题，我为什么会有这个梦想，为什么有这个理想？实现了这个理想之后，又怎么办？

我在香港问很多人，你的理想是什么？

有人回答："我想做李嘉诚。"

"为什么做李嘉诚？"

"因为他有钱。"

"有钱之后又怎么样呢？"

"有钱就好了，够我花了。"

"花了之后又怎么样呢？"

……

希腊有一个哲学家，苏格拉底，他喜欢不停地问，一路问下去。你自己问问自己，你想实现那个理想，实现之后又怎么样了？这样才能够帮助我们找出意义来。

享受生命的过程

6月5日，一个新闻让中国人兴奋不已——李娜打破了纪录，拿了网球冠军。李娜很开心，接受记者访问的时候她说了一句话，“花了 12 年来争取这个目标”。可是看报纸却不是这样，没有人说她怎么努力怎么付出，就说她现在的身价是 2 亿。我们似乎可以把一个人的价值和成功量化。在一个商业的社会，量化使我们更容易表达。可是，是不是所有的事情都可以用金钱量化呢？你能不能把你爸爸妈妈对你的爱量化一下呢？你的爸爸妈妈有多爱你，三亿还是五亿，怎么去量化呢？为了得冠军，很多运动员不停地努力、不停地训练，背后那种毅力怎么可以用金钱去衡量呢？人的价值或者人生的意义是不是可以用钱来衡量？你们是大学生，我不需要告诉你答案，你们自己去想。

你或许会说，查先生，你虽然这样讲，但是整个社会都这样看，我钱赚得少一点，人家就看不起我。所以我一定要买一部奔驰，买了奔驰之后，我就可以告诉全世界，我不是一个无名之辈，我是有钱人，我可以开奔驰，我的价值就在这里。

其实，除了金钱，还有其他的方法去衡量一个人。比如说品格，我们可以用品格去评价一个人。中国的传统一向都是用品格来评价一个人，讲一个人有多少的价值，而不是说看他有多少钱。传统的中国人是士农工商，做商业的人是放在最后的，看不起赚钱的“臭铜”味，当然现在的商业社会不同了，谁的钱多，谁的声音就大。虽然这个社会都是这样，可我们并不一定非要跟着这个社会这样走。其实有的时候我觉得有些人很可悲，因为他们找不到自己的价值，他要花一生的精力和时间围绕铜钱转，转完之后再看价值，是很可悲的。

我们对世界的意义不是说买了一辆奔驰，或者是买了一颗 5 克拉钻戒，我来世界的任务就完成了。买了一个钻戒你会开心两三天，过了一段时间那个钻戒对你就没有用了。有人可能会说你这个钻戒很漂亮，你很开心，可是过了之后，就没有价值了。我们来到这个世界，不是要把这个世界所有的东西全部花光才达成任务。你来这个世界的任务是什么？是要尽量把鱼翅吃光，还是要把全世界所有的鲍鱼都吃光？是要开一辆奔驰，还是要买一个大得不得了的房子或者别墅？你要扪心自问，这个是不是真的是你的目标，是不是你人生的目的，是你追求的人生吗？

生命是一个过程，生命没有终点。很多人有一个错觉，以为退休了就是生命的终点，这是错误的。生命是没有终点的，这个过程每天得过，最重要的是我们要享受每一个过程，这个才是生命的真相。我常常跟人说，生命是什么？生命是010。你从没有开始到有，然后到没有。人生只是一个过程，这个过程里面有顺境、有逆境，有快乐的时候、有不快乐的时候。我们常常说上帝没有答应我们永久的开心或者是永久的悲伤，我们有晴天、雨天，有开心的时候、不开心的时候。所以，雨天的时候你应该享受雨天，晴天就享受晴天，这才是一个完整的过程。

我们要了解生命，不是说我一定要做李嘉诚，我一定要拥有多少钱，生命不是这样的，生命是一个过程，一天一天地过。我是得了肝癌的人，我下班之后去看很多癌症病友。有一次看到一个老婆婆，老婆婆很瘦——肝癌晚期的病人都很瘦。她说，查先生，人生为什么这么短？我说，老婆婆你讲得对，人生苦短。老婆婆你多少岁？她说：“我今年才87岁。”对她来讲87岁也算短，为什么呢？因为在87年之中，她是浑浑噩噩地过日子，根本没有享受生命的过程，一天一天过去了，生命也快走到终点了。很多人都是闭上眼睛过日子，而不是踏踏实实地活过每一天。我们要学会享受生命的过程。

万物皆有价值

我觉得每一样东西、每个人，包括动物、植物，甚至是死物，都有内在和外在的意义。对花来讲，最大的价值就是开花，即使有的时候条件不好，花不会开得那么灿烂，可它终究还是开了，这是它内在的价值。外在的价值就是外面的人观察这个东西有没有价值，比如砍柴的樵夫看见树，就觉得很有价值，这就是树的外在价值。树本身的存在就是它的内在价值。从这个角度去看，所有的东西都有价值，当然，人的价值最高。你可以问问你的爸爸妈妈，你有没有价值。在你出生的那一刻，你爸爸妈妈是最开心的，你就是他们的宝贝。每个人都是爸爸妈妈的宝贝，我们的爸爸妈妈也是我们的守护神，没有爸爸妈妈，我们不可能存活。"不孝顺的人不是人"，这是我爸爸常常跟我说的话。他说："你不孝顺你爸爸就是畜生，假如你连妈妈都不孝顺，你连畜生都不如。畜生不知道谁是爸爸，但知道谁是妈妈。"所以，做人一定要孝顺，不孝顺的人根本不需要跟他做朋友。一个人对给他生命、辛苦把他养大的父母都不好的话，他怎么能对你好？所以，找对象首先要看他（她）孝不孝顺，假如他（她）不孝顺，那你就要考虑一下。你多久没有跟爸爸打过电话了？你多久没有跟妈妈讲过话了？对他们来讲，听到你的声音就已经很开心了。你不需要给他们几百万几千万，你只要有时间就尽量抽空去看他，或者打电话给她，问候一下，跟他们讲讲你的境况，他们就很开心了。

所以，价值的意义很多时候看两个方面，内在的和外在的。一只狗、一只猫、一颗星星都有它的价值，我们不应该随便毁坏一样东西，更不应该毁坏生命。

人生无常

我家里很穷，我很小就出来做事。你们不要以为香港很富有，我们那个年代是很苦的。家里没有电话，更没有电视，只有一个很小的收音机，14 平方米住了 8 个人，真的是非常贫穷。可是我的童年却是非常快乐、非常开心的，为什么呢？那个时候住在贫民区的虽然都是穷人，可人跟人的关系却比较密切。我们吃饭是没有什么下饭小菜的，一般是用酱油或者是一点猪油下饭。但是隔壁的阿姨炒菜的时候如果看见你没有菜，她就会夹一点菜给你，虽然她也很穷，可是她愿意分一点给你。所以我常常说，穷不是问题，苦不是问题，最大的问题就是人跟人之间的冷漠，这个“冷漠”才是问题。人跟人之间的冷漠使得我们的痛苦增加，使得我们不开心。假如我们能够把冷漠拉开，我们能够互相关怀、互相帮助，再困难的环境我们也能够跨越。要学会把冷漠踢开，我们不要冷漠，我们需要的是关怀。我们的国家虽然现在不富有，但是基本达到温饱了，人们的日子一般过得还不错。我们不缺乏金钱，缺乏的是人跟人之间的关怀。

我的祖上是非常富有的，我曾祖父的时候已经做外贸生意了，把中国的茶叶、瓷器运到美国和欧洲去卖，在北京、南京、上海、广州等大的城市都有我们的钱庄，产业很大。在老家建桥、修路、盖学校，做了很多事情。日本人侵略我们中国，我爸爸就去投军报国。他是黄埔军校的军官，30 岁没到就已经是上校了。后来，我爸爸跑到香港，从做苦力开始打拼。他说我们曾经很有钱，很有权势，可现在什么都没有了，所以人生无常。

我的个性受我爸爸影响比较大，他一直是我的榜样。虽然我们很穷，可每到端午节、中秋节、春节，他总是请十个八个老乡来家里吃饭，没钱买菜买酒就去借、典当。我那时还小，不明白其中原因，就问爸爸："我们这么穷，为什么还要请老乡吃饭?"爸爸就拍拍我的头："你不懂了，我们很幸运，我们有一个完整的家，我们每天可以吃到家乡菜。而他们孤单在外，一年也吃不到几次家乡菜，所以我们要请他们吃饭，满足他们的思乡情。"爸爸就是这样的人，就是因为有他的教导，我才有快乐的人生。

我 13 岁就不读书了，因为我哥哥得了精神病，家境十分窘迫，我们就出来帮工。我在洋服店做学徒。第一天上班我穿了一双球鞋就去了，第二天老板看见我，说没有人穿球鞋上班的，要我去买一双皮鞋。那时候，我爸爸给了我十块钱港币。我就走了好几公里去找十块钱以下的皮鞋，可最便宜的波比鞋也要 13 块。走到庙街，看见一个摆地摊的，结果就看到一双皮鞋，很大也很结实，3 块钱。这是我人生中第一双皮鞋。

人生无法避免痛

生命中有痛，但不一定有苦。人生没有办法避免痛，痛是人生的现实，可是痛不一定要苦，你要把痛跟苦分开。痛是一年、两年、三年就不痛了，可是苦是我们的想法，可以延续一辈子。

我 16 岁的时候，约了我弟弟一起去游泳，那天是端午节。香港有一个传统——端午节去游泳，对身体好。我就告诉我的弟弟："我下班带你去游泳。"结果，快下班的时候，一大帮游客进来挑服装料子，我一直忙乎了两个小时。等我回到家，家里人都在哭，哭得很伤心——我弟弟等不及我下班，就自己去游泳，出了意外。我跑去沙滩，看见我爸爸坐在那里痛哭，我跟打捞的救生员说，一定要把我弟弟救出来。结果人已经死了。我心里非常愧疚，如果我早一点回家，就不会发生这件事。可是，这个世界上根本没有"如果……"这回事。我常常跟人说，上帝不一定每次都听你的祷告，不听你的祷告不一定是对你不好。有些事情结束也是生命的一部分。

生命就像一枚硬币的两面，不能只要一面。生命中有快乐的时候，也有不快乐的时候，我们不能只要快乐的这一面，而不要不快乐的那一面。快乐和痛苦都是生命的一部分，你要学会接受生命中不如意的那一方面，那才是你走出低谷的开始。

其实，人生有很多本相我们没有留意。生命的本相包括无常，没有一样东西是不会改变的，只是改变很慢，你不会感觉到而已。我自己都不知道，我早上照镜子怎么变成老头了？这个转变不是一下子，而是慢慢慢慢地变，所以无常是生命的一部分，是本相。既然知道人生是无常的，我们就要珍惜，珍惜每一个人，珍惜每一段相处的时间，珍惜每一个打电话的机会。

生命的意义在于付出

有个房地产商花 6 千万买了一颗黄钻石送给他三个月大的女儿，也有些人花几千万去办一个婚礼，还有人花几千万办葬礼……我们不是说有钱人不好，有钱人没问题。为富不仁才是我们需要批评的，这也是中国的传统。赚了钱做了很多好事，富而仁，好。可是你赚了很多钱，做了一些好事，却跑去宣传，那是没必要的。有哲学家讲过“超人哲学”，意思是什么呢？我们在这个世界上要做超人，不是要超越人家，而是要超越自己，包括品格的提升，包括知识的丰富。你能超越你自己，你才是超人。你跟我出去赛跑，你跑赢我，并不等于你天下无敌。世界冠军今天跑 9 秒 7、9 秒 6，明天还是有人可以打破他的纪录，不是吗？

所以，我们不需要跟人家攀比。我们需要的是踏踏实实地提升自己的品格，丰富自己的知识，把学到的东西贡献出来，这才是生命的意义。生命的意义不在于要赚多少钱，而在于你能不能改善这个世界。我对我自己的要求很低，我想在我离开这个世界的时候问自己一句话，我来过这个世界跟没有来过这个世界有没有分别？你也可以这样问你自己。假如你只是吃了五个鲍鱼，买了两颗钻石，那你就是白活了；假如你说虽然我没有钱，可是我真的做了一点小事，把这个世界改变了一点点，稍微好一点，那你的存在就有意义了。所以，一个人存在的意义不在于赚多少钱，而在于到底能付出多少，对这个世界贡献多少。我不是不鼓励每个人去做李嘉诚，你们可以学习李嘉诚。李嘉诚先生很乐意做慈善，是做了很多好事的慈善家。所以，你赚了多少钱，别向人炫耀，我看不起；你赚了钱去做好事，我佩服你，你的生命才有意义、有价值。

知足常乐最重要的是与其他人建立良好的关系。世界上最快乐的人，就是懂得珍惜自己福气的人！我们能不能快乐，主要看跟人家的关系，关系好使得我们快乐，关系不好我们不快乐。其实，最快乐的人就是能够帮助别人的人，还有就是懂得珍惜福气的人。这个世界上有很多人看不见东西，有很多人听不到声音，有很多人无法走路，甚至有人连喝一口水都不容易，相比之下，你有多大的福气！所以，最快乐的人都是看到自己拥有的东西。最不快乐的人是每天都抱怨的人，抱怨这不好，抱怨那不好。有位美国总统说过一句话，大家都知道的。他说："不要问你的国家为你做了什么，而要问你为国家做了什么。"所以，你别对这不满意、对那不满意，你要问你能贡献什么，你能做什么。这个更重要。

我希望今天晚上每个同学回去都能想一想，你能够为这个国家做点什么事情，你能够为我们的民族做点什么事情，你将来的目标是什么，你想不想有所作为，想不想有一天当你离开这个世界的时候，你会无憾地说，我这一生终于为世界做了一点点事情。

生命不在于长短

学生：我的朋友前几天检查出得了癌症，他才 25 岁，工作很上进。请您给他一些建议，让他好好面对病情。谢谢。

查锡我：这个问题非常好，刚才讲过，人生无常。你以为25岁就不会得癌症吗？可能5岁的小孩都有癌症。得了血癌，医生说没救了，要把插管拿走，结果就是眼睁睁看着这个孩子慢慢地走了。生命就是这样。25岁很短命吗？如果跟一个出生刚两个小时的婴儿相比，是多了很多倍。所以，生命长短是相对的。生命不在于长短，在于是否发光、发热，有没有色彩，生命的品质比数量更加重要。我们来到这个世界，什么时候走并不重要，重要的是我们怎么能够使我们的生命发光、发热，发光就是让其他人看得见，发热使得其他人得到温暖。我们来这个世界不是要吃多少鲍鱼、鱼翅，不是要开什么奔驰，不是要住什么房子。我们来这个世界是有价值和意义的，那就是怎么让我们的存在使这个世界能够更好一点。

对你朋友来讲很简单，马上去看医生，不要瞒着他，因为有病一定要先去看医生。我们常说绝症，什么是绝症？3个月死就是绝症，4个月死就不是绝症了吗？如果就是因为他会死，所以就是绝症，那我们每个人都有绝症，我们每个人都会死。所以我们每个人都有绝症。我们对何为“绝症”一定要有正确的认识。现在的医学很发达，很多病症的晚期都可以处理。我得的是晚期肝癌，但我还站在这里跟你们讲话。每个人都有机会、都有可能得癌症，重要的是要放下心理包袱，尽快去接受治疗。

不要害怕苦难

学生：查先生您好，是什么原因促使您走这样的道路，用您的故事去激励、鼓励需要的人？

查锡我：我常常说，我们要感谢伤害过我们的人。为什么呢？因为他对我们造成的伤害，使得我们的生命更加丰富，是他们在帮助我们丰富生命、丰富人生。

我得了癌症，又离了婚。后来有一天我在哭，问上帝为什么让我这么痛苦。突然之间脑海里出现一个闪念，我把我的问题稍微改一下，我问上帝："你让我受这么大的苦，到底要我学习什么？我受了这么多苦，能不能够使得我的苦来萦绕你，或者是成为其他人的祝福？"我把这个问题改变了之后，答案也随之改了。原来我的苦难可以成为无数人的祝福，很多人会因为我的苦难而得到祝福。

所以，我们不要害怕苦难。苦难对我来讲，是毅力的锻炼。孟子说："天将降大任于斯人也，必先苦其心智，劳其筋骨，饿其体肤。"你要担当大责任的话，一定要经过一些磨炼，没有经过苦难、没有经过磨炼的生命是空白的。苦难是生命的一部分。

举一个例子，我平常开车很小心，从不超速、超限。有一天对面有一个大车开过来，把我撞出去，我昏了过去，醒来后，我的腿没有了。我问为什么受伤害的是我，这并不是在追问原因，而只是不愿意接受已经发生的事情。可是事情已然发生了，你就要接受它的结果。接受现实是生命的一部分。

很多人说爱的反面是恨，所以我爱他越深，我就恨他越深，他跟我分手，我就要把他的手砍掉。莫名其妙，爱一个人这么深，你怎么忍心把他杀掉呢？这个东西我拿不到，我就把它毁掉。这个不是爱，是占有，是自私的想法。问世间情为何物，直教人生死相许。爱是为一个人付出一切，你父母爱你，他们愿意为你付出一切。爱是无条件的付出。现在很多人所谓的谈恋爱，是在谈交易。我为什么爱你？因为你能满足我，不管是在经济上也好，在感情上也好，在肉体上也好，总之你能够满足我，我就能够爱你，一旦你对我不好，我就没有理由对你好。这是交易，这不是爱。

希腊有句俗语：占有欲的爱不是爱。人对人的爱很简单，你想一想爸爸妈妈怎么爱你：你爸爸妈妈从你出生开始，他们就愿意不睡觉、不吃饭来看你，他们爱你就是爱你，不需要什么原因，这个才是爱，是无条件的付出。假如你说因为爱才伤害他，这不符合逻辑，是不对的。反过来说，他不爱我，我就伤害自己。我们常常说，杀人是愤怒向外爆发，自杀是愤怒向内爆发。你们要学会管理自己的情绪，无论将来从事何种职业，情绪管理很重要，无论做什么都要懂得管理情绪。一个不能掌控情绪的人，将来怎么可能成功？一定要懂得管理自己的情绪，这样才能有机会成功。

王红：为了确定今天的演讲，我和查先生通过电话、邮件联系过无数次。查先生此次来重庆演讲，酒店、机票全部费用由他自己来付。他说："我知道'未来中国'是一个公益机构，经费已经很紧张，我要帮你分担。"我非常过意不去，能够请到查先生分文不收做公益演讲已经是非常荣幸了，让老先生自己掏钱我更是过意不去。可查先生说我们年长的就要作出表率，我们说了之后不做，是没有用的，所以他坚持自己出机票和酒店的费用。来的路上他跟我说："今天来听讲的大概有 300 个学生，如果有 10 个人听了我的讲座，心灵有触动，深有感想，那么我此行就是值得的。”我想此时深受触动的应该远远不止10个人。

“未来中国”是一个公益组织，我们做的不是职业培训，也不是成功励志，而是心灵的对话和生命的教育。我们所有人的辛苦，我们所有人的付出，就是为了让生命发光。

我想大家今天晚上回去应该反思一下查先生提的问题。你能为我们民族、国家做些什么，还有一件事——不要忘了给你的父母打电话！

（2011年6月9日，“未来中国·领军人物大讲堂”走进重庆工商大学）

梦想与生命

独立学者　柳红

首先感谢“未来中国”，他们真是做着了不起的事情，在商业化的时代，这家公益的民间独立机构在给大家滋补精神上的营养。也感谢铁道大学四方学院，你们有眼光可以和“未来中国”对接上。

今天给我的题目是：梦想与生命，这是一个命题作文，但我愿意与大家分享这个题目。

梦想使生命美好

年轻的朋友们是思想最活跃的，我想和大家多一点互动。我先问大家一个问题，希望你们能够踊跃回答，也让我见识一下在偏远地方活跃跳动的思想。我的问题是，梦想和理想有什么差别？哪一位同学可以说说？

（学生 1：我觉得理想可以去实现，梦想好像有点是做梦。）

好的，谢谢你。咱们再找一个女同学。

（学生2：我个人认为梦想好像包括理想，理想还包括人生的追求，理想好像是可以达到的，但梦想是随着理想逐步地一点一点改变的。）

他们两个人的答案异曲同工，而且和我想的差不多。简单来说，就是理想是可以实现的，梦想可能实现不了，是做梦。下面，我来谈谈我自己的看法。

我觉得梦想和理想确实有相似之处，梦想更源自你生命的本能，想象的空间更大，而这种想象不是基于理性和现实的。为什么人需要梦想？如果一个人没有梦想，生命将是多么枯燥无味，多么没有色彩。

什么样的人有梦想？是不是年轻人更容易有梦想？老年人和年轻人相比，肯定是年轻人梦想更多；一个新兴的国家和古老的社会相比，肯定是新兴国家的梦想更多。梦想和生命是关联的，所以我觉得“梦想与生命”这个题目非常有意义。

怎么让梦想能够引领我们的人生呢？我个人觉得有三个要素是比较重要的：爱、关怀和责任。

我给大家讲几个人生故事，故事的主人公都是有梦想的人，在梦想的实现过程中，他们也都具备了爱、关怀和责任。

我的儿子——子尤，他是1990年出生的，在座的同学中也有很多是1990年出生的，看到你们，我觉得特别亲切。我熟悉子尤，也熟悉他的朋友们。在你们面前，我既是朋友，也是母亲。

子尤的一生非常短暂，只有 16 年，但他是一个一生充满梦想的孩子，他是带着梦想活了 16 年的孩子。

最早知道孩子生病的时候，我首先想到的是我有没有什么对不起他。我们一开始就知道他得了癌症，也知道后面的危险是什么。面对这样的人生，我们是不是满意？当我们健康的时候，当我们平安的时候，我们每个人都不会想这样的问题，而在那个时候，我们就会想到这个问题。有一句话是这样说的："人是向死而生的。"我们每个人都是面对着死亡而生活的。不管是 16 年、80 年，甚至是 100 年，我们都是向死而生。所以，我们在临死的时候回顾我们的人生是不是满意，这是很重要的。

子尤 14 岁的时候做过胸腔的大手术，那是一个非常危险的手术——一个 2 斤多重的肿瘤在他的胸腔里面。很多医生劝我们不要做了，对孩子是痛苦，对我们也是痛苦。但是，我觉得生命太珍贵了，只要有一线希望也不应放弃。所以我们一直在鼓励医生，所以我们在非常严峻的手术通知单上签了字。手术通知单上大概写了一些条件，比如说，如果肿瘤侵入到了心胞，那么就要切心胞，如果到了肺就要切肺。在手术单上签字时，我的心情并不沉重，反而是轻松的。因为只要每往前走一步，我们就有生的希望。手术很成功。手术后的第四天，我给子尤讲了手术的情况：手术多么艰难，有可能下不了手术台。他觉得我没有告诉他是不对的，他说："妈妈，你为什么不告诉我？我这 14 年活得多么的生机勃勃！"这是我第一次知道他对他的人生如此满意，虽然病魔和死亡一直笼罩着他。子尤说，上帝准备送一个金灿灿的肿瘤给某个人，送给谁呢？送给胆小的人不行，因为胆小的人扛不住；送给坚强的人也不行，因为他只能硬挺着；送给乐观的人也不行，因为他只有笑，没有回味。所以，上帝把这个肿瘤给了我，因为上帝知道我最明白他的意思，我是超越一切的。

之后两年，我们又有很多艰苦的历程。用子尤的话讲，他每一秒钟都和上一秒钟不一样。他的成长是以秒来计算的。我们中有许多人一年都是浑浑噩噩地度过的，这一年当中什么收获也没有，而我的子尤却说，每一秒和上一秒都不一样！他已经达到了那样的一个高度。子尤生前发表的《生亦漂亮，死亦漂亮》是一篇书评，书中的女主角是一位癌症患者。他说："生病以后，我渐渐意识到，人活着比活本身更重要。人们经常策划庆典，结婚、生日，我倒觉得不如策划一场死日。她死得漂亮，风雨大作，天地为她送行，这样的死有什么不好？她创造了真正的奇迹，书名是《超越死亡》，她做到了。40 岁离去太年轻了，但她获得的比许多 80 岁的人还多，她不需要我们给予她什么，相反用自己的行动给我们一切。所以我们对于评判人生的价值应该好好深思。"这是一位 16 岁的少年评论 40 岁的死，他太年轻了，但是真的给了我们很多东西。

我还想讲子尤的一个片段，他在梦想和理想之间有爱、关怀和责任。2005 年，子尤 15 岁，《南方周末》刊登了他的文章——《叫我心疼的妞妞和妞妞》。他在评论一本书，是一个父亲的札记。子尤为妞妞的生命感到痛惜。他以一个病孩子的身体、眼光和思想，特别敏锐地感到了另外一个生命的价值和珍贵，因为爱，爱生命。生命是绝对的，生命是无条件的，生命是具有超越意义的，在一个需要救治的生命面前，是不应该有其他考虑的。这对子尤来说是他的本能。因此他挑战了一个成年人，挑战了一本书，这是他的一个关怀。

2005 年，学校请子尤到北大的百年讲堂演讲，他最后讲了一句话：“请珍惜啊！”“珍惜”是我们的口头语，因为说得多，反而觉得没那么重了。可是我希望你们听到子尤说、听到我的转述后，你们能珍惜。

兰迪是一位美国教授，他是一个计算机博士，大概 46 岁时去世了。在知道他的生命大约还有 6 个月时间的时候，他作了人生中最后一次演讲，题目叫：真正实现你童年的梦想。他迫切地想和别人分享自己最后生命的体验是什么呢？就是他凝结成最后的演讲——真正实现童年的梦想。他说他这一生就是实现自己童年梦想的一生：他曾经想体验零重力的状态，他想当迪斯尼的幻想策划者，他想策划全美橄榄球联盟，他想为世界百科全书写词条……这些都是他孩提时代的梦想。除了没有参加全美橄榄球联盟，其余的梦想他都实现了。他说，自己的与众不同来自于梦想的不同，如果你尽力实现，你就是真正地生活过了。对于一个真正生活过的人来说，死亡一点儿也不可怕。

我接下来要讲的是李雅卿的种子学院。雅卿本来是学法律的，后来当了妈妈，她就辞掉工作，精心照顾孩子。她的孩子是一个小天才，很小的时候就开始写程序，编计算机语言。但是在规范的学校里面，孩子却一点也不快乐。她的孩子在小学时换了六所学校，可想而知，他们遇到了很多困扰。孩子妈妈说没关系，我们来办一所自己的学校。于是她就办了，不仅办成了，还办成了台湾最好的学校。学校非常小，老师和学生的比例是 1∶7。学校有一个非常大的图书馆，有理化实验室，有厨房，有自然博物馆，有音乐教室和美术教室，还有草地和沙坑。老师们让孩子自己画设计图，孩子们画完后他们评选，并按照图纸造了一所房子，孩子们可以自由享用。学校的创建者有梦想，于是带着孩子们也都展开了梦想的翅膀。他们选老师有一个标准：老师必须有一项特长，这个特长是他最爱的、最感兴趣的，可以成为一个巨大的动力，能够让他去探索。学生们可以自由选课，有自然课、理化课、篮球课、音乐课、戏剧课、数学课、农艺课，他们还有生活会议主观团，有法庭，当然这个法庭不像我们想的那么庄重，但是他们体现了那种程序。学校的教育方式最让人安心，成为台湾最好的学校。

了不起吧？一个梦想就可以支撑她做这样的事情。

林丽珍是我要讲的另一个故事。她是编舞奇才，今年 61 岁，她从小喜欢跳舞。她认为，跳舞并不是我们想象的那样，舞者要有标准的身高和苗条的身材，不是的。其实每一个人都有舞蹈的能力，只不过是这种能力被束缚住了。丽珍从小就跳舞，一生以此为业。她现在有一个舞蹈剧场，她的舞蹈在国际上非常受欢迎。她的舞蹈非常缓慢，无缓之缓，无空之空，动似不动，不动似动。她对舞蹈的这种热爱，经过关怀被放大，并发展为对舞蹈的一种责任。她开始考虑天地人的问题，她的舞蹈中所有人的问题都是空灵的，舞台用的所有道具都是自然中的材料，比如布、石子儿、草地，一切都用自然的东西来表现。她 15 年里只出了 3 个舞剧，她是在慢慢地打磨，对应现在社会的浮躁，她的功力和定力值得大家学习。比如说她有一个走路的动作，走得特别特别慢，我就说，这样走可真难啊！可她说，走几年就行了。

之所以给大家讲这四个不同的故事，我就想说，生命其实可以以这样的方式来展开，依然这么美丽。不是说只有去学金融、学商学，或者怎么样，才能使生命美好，不是的。这本来就是一个多元的社会，可以有无限的可能，关键看你有没有梦想。是梦想引领着你，你就一定可以达到目标，而且你一定会幸福。

爱、关怀和责任是人生的三驾马车

人到这个世界上都有梦想，但是有的人梦想成真，有的人梦想破灭，还有的成了恶梦。怎样实现梦想，梦想和人生的关联是什么呢？就是一定要有爱、关怀和责任。

爱是源泉。梦想是灿烂的、美好的，有爱心的人就有这样的光明，这样的美好。如果你意识不到这个美好，梦想就很难打开。一个没有对自然亲近过的人，对山、对水不喜欢的人，他的梦想里很难能够有这么好的自然。所以，爱一定是个源泉。

当爱成为基础的时候，关怀也就有了。你观察人和事的时候，你的关怀就会不一样，你就会为别人着想，你就会有平等，你就会关怀别人。所有的爱和关怀都是从别人开始，由小爱到大爱。

爱和关怀之后是责任，责任其实就是行动。我们在人生中扮演很多的角色，每一个角色都有“责任”的身影：你是学生，你就应该学习；你是女儿或是儿子，你就应该对你的爸爸妈妈有责任；父母对孩子也有责任。在生活中，随着你们的成长，你们承担的每一个角色都会有责任：工作后要对工作尽职尽责；作为公民，你们要履行公民的责任，就是对社会的责任。在欧洲的奥地利，16 岁以上的公民就拥有选举权。他们认为这个时代是由年轻人引领的，年轻人已经成熟到可以参加到其中，可以代表人民的利益。最近英国有一位 18 岁的少年当选了议员。未来的世界是你们的。你们真的是到了这样的时刻，可以想一想，我们对未来的中国有什么担当，我们可以做点什么。

特里萨是 1979 年的诺贝尔和平奖的获得者，她从 12 岁起到 87 岁去世，一直都在帮助穷苦的人，她和他们生活在一起并一个一个去帮助他们。颁奖词是这样评价她的：她的事业的特征就是对单个的尊重，所有的人都从她这里得到了同情，建立了在同情之上的同情。她是只为受苦受累的人活着。特里萨不是简单的施舍，她和那些穷苦人在一起，她为什么会这么做？如果仅仅是贫穷，我们给他们钱是可以的，可更重要的是，我们是要给予他们爱。世界上最残酷的东西，除了穷和恶，还有孤独和冷漠。我们常常无法做伟大的事，但是我们可以用爱做大事。人特别渺小，我们做的事非常有限，但是我们可以用爱心帮助一个人，这也是特别大的功和德。

坚强地活着

学生：柳老师您好！在此我代表大家向您表示崇高的敬意和感谢。我想问是什么让您从痛苦中解脱出来？做公益事业，是源于您的梦想吗？

柳红：我先说是怎么从丧子之痛走出来的，好吗？其实我是得到了太多太多人的帮助，我一直是怀着感恩的心。在子尤活着的时候，他后来不能走路，坐在轮椅上，他对我说：“妈妈，我们幸运又幸福。”这真的是我的感受，我确实觉得幸运又幸福。

子尤去世的当天夜里，我写了一篇祭文。我说，做你的妈妈让我受宠若惊，失掉你，妈妈非常难过，但是我一定做你希望的样子。后来，我和许多丧子妈妈有交往。上海有一个丧子妈妈的组织，是大家感情交流的一个港湾，成员们经常聚会。有一对夫妇是我的大学同学，他们的孩子去世了，他们急切地问我：特别想知道你是怎么活下来的。我说，就是因为孩子。他们说为什么？孩子是我们的希望，希望没有的时候，我们也就应该死去。我觉得可以换个角度想一下，我们爱我们的孩子，孩子也爱我们，孩子一定希望自己的妈妈是健康的，所以我就站起来了。我觉得我能够好好地活，就是对我孩子最大的爱。包括今天我走到你们中间，我都觉得我是带着子尤一起来的。

壮壮是一个得了白血病的孩子。他得病之后没多久，他的爸爸也得了尿毒症，因为经济压力特别大，爸爸把家里全部的钱用来给孩子治病，他自己就尽量地不治。没多久，爸爸死了。第一次器官移植后，壮壮的病也复发了，又做了第二次移植，但还是失败了。壮壮也走了。这个妈妈特别不容易，两三年的时间，一家三口就剩下她一个人。有一次我说，壮壮妈妈你真棒。她说，柳红姐，因为有你。因为你也健康地活着，有你在前面，我觉得我也能。

我们为什么说爱、关怀、责任？爱首先要爱自己，病倒太容易了，一天到晚在床上哭也太容易了。你想天天快乐地生活，为别人做事，其实是不容易的。类似壮壮这样的故事还有许多，很多妈妈也都坚强地从沉痛中走出来了。

我得到过很多人的帮助，所以我更愿意去帮助别人。和“未来中国”结缘是去年的冬天，我和王红女士相聚，我说我愿意做一个志愿者，我愿意分享我的人生，愿意做“未来中国”及更多的公益事业，所以我来到这里。

人生的道路其实很宽

学生：柳老师您好！现在社会给人们很多压力，我们必须要生存，慢慢地我们的梦想褪色。生命因为梦想而精彩，当梦想褪色的时候，生活是不是也就苍白了？我们怎么样才能真正地保持自己的梦想丰富多彩？

柳红：真是一个好问题。当你们投入到社会的洪流中，是随波逐流还是逆流而上，这是个关键。多数人都说没办法，很无奈，我们听到太多这样的感叹了。其实这是多么遗憾的人生，我觉得在某种意义上是一种不幸。人会面对很多压力，社会也有很多问题，贫富差距这么大，急功近利地追求增长，追求短期的利益，追求物质享受——但同时我觉得也是有幸，因为这样的时候，可能给了我们新的机会，给了我们新的发展道路。1980 年，知青返城，他们好不容易得到了上学的机会，于是他们改变农村的面貌，投身到变革的洪流中。你们也是一样的。我们固然看到社会中很多不好的、假的东西，同时也看到很多进步的力量。

人生的道路其实很宽阔。我有很多朋友，他们的选择让他们的生活更丰富多彩，生命也更有意义。

有一个学农经的女博士石嫣，她当了美国式的农民，英文简称 CSA，就是社区支援农业，即有一块田地，很多人都可以参与，家长可以带着孩子体验农民生活。她把这个 CSA 的模式建在了一些地方，不仅北京有，其他城市也有，而且做得有声有色。

我最近参加了“农夫集市”，就是那种农夫和消费者直接见面、不通过中介环节的集市。那些农夫一个个都是年轻人，他们本来是学经济的，可他们喜欢农业，他们就种田种菜，并给大家往家里送。

北京有一个物理老师吴蓓，她发起了一个以生命为主题教育的德福教育。我曾经去过一次。参加活动的都是北师大、人大的硕士、博士，都受过所谓的名牌教育，他们有的在北京郊区种地，有的做各种各样的教育。他们的生活淡然安宁，可他们心里喜乐充实，虽然他们没有那么多的钱。我们看到很多有钱人反而特别挣扎，特别纠结，特别不快乐。人生其实有很多条道路可以走，比如“未来中国”。刚才那位忙前忙后的大学生就是志愿者，她把这场演讲带给同学们，她觉得她的生命有改变。

将来的社会应该是民间组织越来越壮大，按你想的去做，会有越来越多的空间，但是你一定要坚定。如果你觉得别人住了大房子，日子过得真好，好像觉得自己寒酸了，这就是不坚定。这样的话，可能就不行。所以需要你内心强大，需要有一个成长的过程。像季羡林先生，永远都是布鞋布衣。当你的内心强大了，你就不需要外在的装点。

王红：大家在柳红老师的脸上看到的是勇气、坚定，甚至是决绝，为什么？因为她经历过生活的大悲大痛。她说，人是向死而生的。当你记住她的话并这样想的时候，你就知道该怎么选择你要走的路。

柳红老师带给大家的是广阔而缤纷的生活，也是我想送给大家的礼物。大家未来的目标不是房子车子，不是纠结于待在父母身边还是走向远方，而是三个词：爱、关怀和责任。

首先是爱，爱我们自己，珍惜我们的生命，珍惜我们的梦想。梦想是唯一能够给自己的生命礼物，是生命的源泉。在你困惑、迷茫的时候，请记住，走几年就行了。这说起来特别简单，就看你是否能够坚持，否则就意味着放弃。你看你能放弃什么？其实，一个人的成就会远远超出你的想象。今天坐在这里的1000多位学生，不知道明天会是什么样子，大家一定要给自己一个想象的空间，一个生命想象的空间，让你的生命绚烂多彩。大家一定要记住，你是要以秒来计算生命吗？你有没有超越自己的勇气？你会怎样开始自己的旅程？

爱，不光要爱自己。柳红老师说的，包括对社会的改变、对社会的责任，这是我们每个人都能够做的，不要小看我们自己。

最后请大家记住，柳红老师说的，子尤说的，珍惜啊。

（2011年6月7日，“未来中国·领军人物大讲堂”走进石家庄铁道大学）

论道·梦想

中央电视台主持人　路一鸣

我感谢“未来中国”竟然找到我当年参加比赛的视频。相比之下，大家发现我变得比以前胖了，头发比以前少了。幸好我生命中的体验又丰富了。

我 10 年前就知道深圳大学，听说是一个很多学生都开着汽车来上学的学校，而我所在的大学，当时连 BP 机都很少见，所以当时没敢进来。这是我 10 年之后第二次来深圳，今天终于来到深圳大学了，看到深圳大学的同学们脸上依然洋溢着纯朴的表情，我很欣慰。

面对梦想要有姿态

《论道·梦想》这个题目太大了，对我来说确实太难，我恐怕也没有资格在这里以论道的方式给大家讲述关于青春和人生的梦想。不过，我可以谈谈个人的一些体验。“未来中国”的使命、口号是“传递思想、分享生命”，传递思想，不敢当，现在很多的大学生都很有思想，他们思想的深度、广度，观察社会的敏锐度，迎接困难的勇气，都不比其他人差。而梦想我还有一些体会。

“论道”的“道”，一般来讲，是指车轨、轨迹，引申出来的解释是规律。而“梦想”，天马行空、五花八门，每一个人都不同，你的梦想是拿奖学金，我的梦想是开车，他的梦想是追那个学院的女同学……每一个人的梦想都不一样。虽然表面上看“梦想”各不相同，但其中有相同的规律可找吗？答案是：有。就是我们面对梦想的时候要抱什么样的姿态。

谈我的经历，那就从大家熟悉的辩论赛开始。1996 年，我们这些辩手是经过全校海选才入选辩论队的。西安交大刚接触辩论赛的时候也是对辩论一无所知，看蒋昌健的辩论我们才知道什么是辩论。辩论的训练非常艰苦：每天早上 6∶30 起床，做早课、发声、形体、演讲，7∶30 吃早餐，8∶30 开始听讲座。学校给我们请很多老师，以主题报告的形式给我们讲课，讲文学、历史、社会学、法律，等等，天天如此。讲座大概在 11∶30 结束，中午有两个半小时的午休时间。下午 2∶00 开始做思维反应的训练，有抓漏的训练，有一对一的训练，有发散的训练，有一对强的训练。训练到 5∶30 结束，然后吃晚饭。晚上 7∶00 开始做模拟比赛的训练。训练完之后，主教练进行点评、队友点评，大概到晚上 10∶00，这样一天安排训练的科目就结束了。我们接下来会留在训练室里面，和教练继续讨论，或者自己看书，晚上 11∶30 回宿舍睡觉。每一天都如此，脑力训练的强度非常大。我们当时集中封闭培训了两个半月，

1996 年我们参加在上海举办的第二届全国名校大专辩论会，

1998 年我们参加全国大专辩论会，1999 年我们代表中国参加国际大专辩论赛。我前前后后参加了这三次比赛，1996 年比赛的时候，我读研究生一年级，到 1999 年比赛的时候，我已经读博士一年级了。这四年里，我总共有 7 个月的时间一直在接受辩论的训练，参加完 1999 年那次比赛后，我称了一下体重——掉了 8 斤肉。

如刚才主持人所说的，我就是因为辩论赛被中央电视台看中了。因为参加辩论赛，我落了很多课程。辩论赛结束后，我回到学校开始老老实实地研究课题、泡图书馆。半年后中央电视台要创办一个新的节目，叫《三星智力快车》。这个节目对我来说太简单了，就是给中学生解答问题，刚好我拿了最佳辩手，那时候学生对我很尊敬，所以我成为这个栏目的第一任主持人。当时我还没有毕业，每个月就坐飞机到北京，录完节目再飞回去。

我是学管理的，做主持人之前在西安的一家公司兼职做管理工作。我一直认为自己会成为好的公司白领。那时候学管理的同学一般也愿意到企业工作。在 1998 年全国辩论会之后，就开始有公司邀请我去他们那里了，包括很有名的企业。那会儿我从来没有想过自己会当主持人。西安交大在我之前还没有出过主持人，那时候如果有人立志在交大这样的工科学校里当主持人的话，那就是不入流的，大家会认为你不好好学习。可是做了主持人之后，我发现这个工作更能刺激我。我不知道大家读没读过《追求卓越》这本书，管理专业的同学大概读过，那时候我刚好在读。书里面介绍了在美国历经百年的公司，他们都秉持着这样的理念，就是“做他们最喜欢做的，从他们内心的兴趣出发去做”，“如果只做自己擅长做的，而并不是喜欢做的，恐怕做不到卓越的份上”，“如果自己又喜欢，又擅长，那就能达到卓越的高度”。这时候我就开始修正自己人生的目标：我是不是喜欢做白领？我不能确定。我是否喜欢做主持人？我能确定。我的能力是否支持我做一个优秀的白领？说不定还行。那是不是能支持我做卓越的主持人？我当时很有信心。

所以我后来没有去任何一家企业面试，也放弃了当时兼职的那家公司助理的职务，就专心致志地做主持人。我后来从央视青少中心的《三星智力快车》跳到了经济中心，也是毛遂自荐的，我主动给他们发邮件，问我是否可以做主持人，他们觉得我还可以，就留下试用了。那时候经济中心有两个节目，一个是《商业名家》，一个是《对话》，第一个现在已经没有了，第二个还有。我 2003 年担任《对话》的主持人，做了三年半，2006 年年底的时候我调到中央电视台社会与法频道，当时由于这个频道的转型新设置了很多栏目，需要很多主持人，我就进入了《道德观察》栏目。在《道德观察》工作两年之后，我开始筹备《论道》这个节目。

我刚到经济部的时候，在财经频道做过企业家访谈。我原本觉得这没有什么难度，我是最佳辩手，又是学管理的，和企业家访谈肯定没有问题。可拍第一期的时候就差点被“枪毙”。这次惨痛的教训让我很沮丧，为什么控制不了嘉宾？后来我明白了，我只是空有书本上的知识，没有更多的实践，所以我没有办法和嘉宾在对等的平台上进行交流，在嘉宾看来，我问的问题都很幼稚。因为我没有时间参与企业的实践、读更多的书、和更多的人交流。而且我还有偏激的想法——不要小看我，以致后来我和嘉宾谈的时候，都有争强好胜的劲头在里面，有些嘉宾经常被我问得答不上来。而这个时候我就很欣喜，觉得自己更高一筹。后来我认识到这是不对的，这个是辩论手的角度和状态，而不是主持人应有的态度和出发点。一个好的主持人应该是在有限的时间里让嘉宾多发言、多讲话，最后让嘉宾感到他强，而不是主持人最强。

反思已有的幸福

当我的事业进入正轨后，我给自己订了一个目标——用三年的时间超过白岩松。因为大家都在看他的节目。那时候我不服气，可到现在我也没有超过人家。我在中央电视台工作了两年之后，我们台里的主管、主持人出镜部门都接到了观众的举报信，有观众反映路一鸣这个主持人太难看了，实在是有辱中央电视台的名声，还有一些其他不知道哪来的消息都安在我身上了。后来我就被禁止出镜了，大概有一两个月的时间。我很沮丧，怎么会这样呢？没有影儿的事，也不给我申辩的机会。当个人面对一个组织的时候，个人的力量太渺小了。我在度过这段尴尬的镇痛期之后，面临了更严格的工作要求。

中央电视台的主持人是怎么选出来的呢？我告诉大家，中央电视台的主持人后面都有备用的主持人。我当时就属于备用的。节目录完之后，观众都散场了，嘉宾还在台上，这个时候就说要试用一下新的主持人，刚才的主持人下去，我上去。我把节目的话题重说一遍，说不了人家那么长，节目时长 40 分钟，只给我 15 到 20 分钟的试镜时间。我也要采访现场的观众，现场观众由工作人员临时冒充。这段视频拍下来，拿给专家和领导看，如果他们认为你行，那你就可以当这个主持人；如果他们认为你不行，那就算了；如果认为你比刚才的主持人好，那刚才的主持人就下去，你留下。我在台下挑战过台上的人，我在台上的时候，也经历过3次这样的挑战。所幸我都挺过去了，所以我才坐实了中央电视台主持人的位置。

我以前是做财经节目的，坐我对面的人身价少说有5000万，500万的都坐不到台子上，只能坐在台下第一排。我觉得自己是精英，我天天和他们在一起，别人都不算什么。你们关心什么？盐是否涨价了？哪里还有卖的？我们关心的不是这些，我们关心的是明天谁可以上市，华尔街的人现在又玩什么新的金融衍生工具，怎么忽悠我们，怎么应对他们……我们谈的是这样的话题。到了《道德观察》之后，马上就变了，面对的话题、内容、观众都和以前在财经频道不一样了。这是生活在我以前从来不知道的那个世界里面的一群人，他们困苦、窘迫，甚至绝望，他们一辈子的收入也赶不上我在财经频道采访的那些人一个月的收入，但是他们的品质打动了我。

有一次，我们拍摄了甘肃陇西的一对夫妇：丈夫要换肾，没有肾源，妻子就拉着丈夫做配型试验，结果发现妻子的肾可以换给丈夫，但是也得交手术费。两口子平时靠在街边煮饺子卖为生，没什么钱，根本拿不出手术费，自然无法做手术。妻子在街上见到凡是挂着红十字牌子的门，进去就给人家跪下，希望他们能帮帮自己。后来一家大医院的医生被她打动了，说可以帮他们做这个手术。可问题又来了，院方不同意减免费用。一所民营医院的院长知道后说，好，我免费提供手术台，张大夫可以来我这儿给他们做手术。手术做得很成功。后来我问这个丈夫：“你妻子挨个去跪、去求，你知道吗？”他说自己刚开始不知道，后来才知道。怎么知道的呢？妻子每天给丈夫打洗脚水，有一天丈夫发现妻子蹲不下去，一看她的膝盖全烂了，丈夫这才知道妻子出去跪了很多天。这对夫妻让我们很震撼，人生竟然可以苦难到如此地步！我们把他们安排在电视台附近很普通的招待所，中午叫他们一起吃饭，吃完饭我买了水果送到他们屋里。夫妻俩正在休息。他们看到我很局促，我见到他们也很忐忑。我很愿意帮助他们，就问可否为他们做些什么。妻子说了一句话："我们很好，住在这里就跟住在天堂一样。"我听了站在门口都傻了，这样一个极普通的快捷酒店，这样一个在我们眼里极为简单、普通的环境和条件，在他们看来却如天堂。我们经常和服务员争吵：菜上得慢了，菜做得咸了，碗没有刷干净……我们似乎对一切都不满，不满足我们现今生活的所得。同时还有抱怨；我怎么还不如白岩松，重大的事件都派他去，为什么没有派我去呢？可是我们忘了在这个世界中生活的另一类人，和我们比起来，他们穷尽一生可能也无法体验我们现在所享有的幸福。不是因为这样的比较让我们觉得优越，而是提醒了我们这些人，让我们反思，我们已经获得的东西我们珍惜过吗？我们是不是总是用眼睛盯着我们没有得到的东西？

踏实走好每一步才能走近梦想

参加辩论赛的时候，我想拿冠军，所以我付出巨大的努力；做主持人的时候，我想做到卓越。我这辈子都想当主持人，不是把它当成谋生的饭碗，而是作为我毕生的事业。我想像美国的拉里·金一样，站在台上，说出的话一言九鼎，大家都听。经验告诉我，把每一个工作都做好，在工作中体会现在的生活，用纵横两个坐标来评价自己现在所处的位置，我们会做得更好。

我从来没有为自己设定过宏大、高远的梦想，我为自己设定的是一个个具体的目标。梦想和现实有什么关系？一方面和你的性格有关系，也可以理解为你做的是否是自己真正喜欢做的事情。如果做的不是自己喜欢的事情，你可以做得很好，但是不能给你带来快乐，你就没有办法主动地、创造性地完成你的工作，也就很难在众人的竞争当中凸显你独树一帜的地位。另一方面和你抗挫折的能力有关系。2003 年我刚刚结婚，休完婚假回到中央电视台，突然接到通知，我主持的《商业名家》栏目停了，我没有活干了，没有钱赚了。怎么办？我就天天在家待着。别人打电话问我："你在做什么？"我说："我在做饭。"我每天做家务。有人劝我说，你有那么好的资质和条件，如果到企业里做新闻发言人，收入也很高的。当时也有很有名的企业和我谈，我说我不去，我就想当主持人。我扛着，硬是扛了 1 年。12 个月，我每个月只领基本工资，基本工资当时是 1760 元，我刚结婚就领这个工资。我非要当主持人不可，所以我死扛到底，最后还是等到了一个加入新栏目的机会。

现在的大学生对创业很感兴趣，但是创业的路上，一将功成万骨枯，不成功的人也不能站到这个讲台上来，而更多的是那些默默无闻的人。这些人身上就没有梦想的影子吗？有，他们对梦想的执著一点也不亚于成功的人。有首歌这样唱："梦想遥不可及，是不是应该放弃？"放弃梦想并不丢人，因为你不会永远为了梦想而付出你生活的全部代价。如果一个年轻人说自己没有激情、没有梦想、没有目标，那才叫人瞧不起；可如果一个人步入中年以后，还是对自己的梦想那么狂热，甘愿放弃自己在生活中的很多责任，不是世俗的负担，而是应尽的责任，那这个人就有点不着四六。青年时代是对梦想的热情、激情和荷尔蒙指数最高的时候，而人到中年，你会慢慢看清楚自己脚下的路，会踏踏实实地一步步地往前走。

梦想要有价值

梦想还和一个人的价值取向有关系。你做的事是你很愿意并且又喜欢做的，你也很有能力，但还要看是否是这个社会需要的，如果是不需要的，那你实现梦想的价值就不大。比如，你就喜欢弹玻璃球，比谁弹得都准，可惜这个社会没有弹球大赛；我就喜欢挣钱，我就是要获得单笔收入投入产出比的最大，这样的话，成功的希望也很渺茫。

现货永远不如期货来得诱人。你追求的目标、你工作的成效实现之后，原来看上去特别光鲜的东西，其实都是贴在外面的一层皮，它会自然地贴在你身上。比如说很多人参加选秀，一开始我不理解，甚至很讨厌，出名有这么重要吗？后来选秀活动的内容、性质慢慢变了，选手们不是为了出名，而是为了有展示自己的舞台。这完全是可以的，生命的多样性展现出来。如果是为了出名而参加选秀，那必将付出很多的代价，我们梦想当中不应该包含追名逐利的东西，而应该包含自己的理想。听从内心的呼唤，主动地去选择一个岗位，全情地投入，你才会获得更大的成就。当你的视野开阔了，你的经验丰富了，你会发现，更多你原来没有想到的东西居然离你越来越近了。

当梦想和轨迹联系在一起的时候，你发现没有一条一定之规，条条道路通罗马。但如果把“道”讲成规律的话，我想，对梦想与现实明确的判断和做好当下每一步的事情，恐怕是让我们距梦想越来越近的一条途径。这世界上有捷径吗？没有，你有多大的目标，就要付出多大的代价。我是学工科的，梦想在我眼里没有充分的条件，要实现梦想也没有充分的条件，但它的必要条件是你必须踏踏实实地走好脚下的路。

道德需要多方面的支撑

学生：路老师您好，我咨询几个问题，第一个是关于道德方面的，因为您长期做《道德观察》，请您评价一下当下中国的道德生态是什么样的？第二个问题是《南方都市报》的记者问的，他不能到现场来，新闻记者被称之为“新闻民工”，作为央视大牌的主持人，您是有地位、拿着金饭碗的人，您如何看待这个问题？

路一鸣：都是好问题。

第一个问题，中国的道德水准确实比较混乱。我用这个词是因为各个地方的情况都不一样，很多吃惊的问题都会出现，比如很多地方的子女不赡养父母，让我们觉得不可思议，怎么会有这样的人呢？但同时也有地方对尊老爱幼的习惯秉持得很好。所以，中国的道德现象现在还不能称之为灾难。大家喜欢在网络上发言，在大是大非的问题上，网友还是拥护善的方向，只是没有理清楚自己的思路，发言有一些偏激，但主流是朝善的方向走的。道德是一个人存在良心的支撑，但是道德也需要法律的支撑，需要经济的支撑，需要整个社会道德认同的支撑。

我们要相信人的心里是有善良的愿望的，但是这个条件要现实，是需要有条件来支撑的。中国有史以来的文化传统培养了我们对于善良的不自觉的追求和渴望，只要有条件，道德就像一粒种子，给它浇水、施肥，不要总给它闪电，它自然会生根发芽。虽然有个别的案例或许会震撼我们内心的道德观念，但是我坚信，人心中的种子可以不发芽，但是它一定会存在我们心灵的深处，在某一时刻，就算在胚胎状态，也会提醒和暗示我们去选择一个正常的、符合基本道德标准的人生。灾难恐怕都是人为造成的，而不是道德水准自由落体式的下滑导致的。

第二个问题，是不是民工。我想怎么界定“民工”的含义呢？如果从体力劳动、机械劳动方面评价，那恐怕我们还不是，因为我们还不停地在动脑子，我们在创造着节目。如果从我们获得的保障和待遇上来说，那就要看和谁比，比我们报道中的从农村来的农民工肯定是强得多，但是我们确实也没有获得完完全全的我们希望的那份保障。中央电视台最近几年的改革力度非常大，是实施《劳动法》很好的单位，所有的人基本的保障、法律规定的保险，该上的都上了，员工收入也不像以前非正式和正式之间差距那么大。“电视民工”的说法，我估计是从媒体圈里出去的，自诩为民工。我们工作很辛苦，上班没有固定时间表，说要做节目，可能连着三天加班熬夜，出来之后都和木乃伊差不多。但如果节目不着急播的话，就可以休息几天，弹性很大。没有一个民工可以端金饭碗，刚才我描述了自己的工作历程，大家认为这是金饭碗吗？这是从别人手里抢过来的饭碗！这个时代没有人拿金饭碗，连公务员都签合同了，如果考评不合格就要被淘汰。大家同在一个竞争的社会里。

对自己说的话负责

学生：如果新闻稿上写的和自己想的不一样甚至冲突的时候，您是如何调整自己的心态，并用什么姿态来面对的？

路一鸣：这样的问题很有代表性。大家认为基本上中央电视台的主持人说的都不是自己的话，都是人家让你说什么就说什么。我总在节目结束的时候说“我是路一鸣”，是因为我所有的评论和说的话都是我自己写的。我是想让观众明白，这些话是我说的，我对自己说的话负责。如果碰到了节目本身的走向和我个人对事件的判断有冲突的时候，我会坐下来和当期节目的导演进行沟通，和主编沟通，和制片人沟通，当我和制片人的观念也不一致的时候，我就去找主任。我大概经历过十几次这样的事件，无一败绩。我是最佳辩手，但是不要以为他们是因为辩论辩不过我才输的，不是这样的，因为我对自己说的话有把握，这才是最主要的。

（2011 年 3 月 31 日，“未来中国·领军人物大讲堂”走进深圳大学）

艺术与梦想

民谣歌手、诗人　周云蓬

主持人（作家路内）：我先向周云蓬介绍一下现在的情况吧。这是一个阶梯教室，已经全部坐满了人，后排也站满了同学。

周云蓬：辛苦了，尤其是站着的同学们。

主持人：我想问你的第一个问题是，你有钱吗？你是我们所说的成功人士吗？

周云蓬：你说是有多少钱的问题吗？我现在主要是靠演出为生，我估计我的收入和上海一个普通白领的收入差不多吧。我觉得不算有钱。

主持人：我觉得收入是次要的，关键是在民谣这个领域，你觉得你成功了吗？

周云蓬：我认为还是不成功。其实我不习惯以“成功”这个词来衡量一个创作，因为成功是一个很静态的词，不成功便成仁，只重结果，而忽视了状态和过程。我更喜欢一些动态的词。比如我们在民谣界，谈不上是否成功的问题，我觉得只是在路上或向前进的状态。我刚出了三张唱片，鲍勃·迪伦出了四十多张唱片，跟他们比，我就是刚起步。所以我说，应该叫在通向成功的路上吧。

主持人：对，所谓的成功都是相对的。谈谈你的生活现状吧？

周云蓬：我常常描述自己是一个候鸟歌手，因为我喜欢借演出的机会到处旅行，冬天时去南方，夏天时就到北方，秋天就去海边或者云南，这也是我小时候的梦想吧。小时候，妈妈带我到处去看眼睛，也来过上海，我对光明最后的印象就是留在了上海，因为最后失明是在上海。在这里，我见识了那种真正的大都市，该看的都看了，然后就在这儿失明了，所以我和上海还是很有缘的。那个时候我的梦想就打下了根基，向往着自己长大以后可以到处旅行到处走。旅行其实是一件很奢侈的事情，幸而我可以靠自己的演出，一边演出一边去旅行，这样就把自己的兴趣和职业结合到一起了。

我觉得当初小时候的梦，到现在基本算是实现了，我能够经常出去走，然后去唱歌，靠唱歌到各地去旅行，这个梦已经实现了。

主持人：你之前是在沈阳、北京，现在定居在绍兴，为什么会定居在绍兴？那个是你的梦想吗？

周云蓬：大学毕业以后，我的梦想还是北京。那时候所有搞艺术的青年都要去北京。北京有音乐厅，也有画家村、摇滚基地，还有很多像 798 等各种艺术的东西，这些在地方上是很少的，尤其在东北。我们东北上世纪 90 年代文化比较荒凉，很沉闷。我那个时候就是一心梦想去北京搞艺术，后来我就背着琴、带着五六百块钱到了北京，住在圆明园，每天在街头唱歌，闲下来就读书。那段日子过得是很浪漫的。

我发现，国内的一些好的资源都垄断到北京这个城市里面，比如说音乐厅、国家大剧院，还有各种高级酒吧，或者是一些演出场所，这在别的城市都很少见。但是这种艺术资源的汇集、艺术人才的汇集，对艺术家的发展并不太好。在北京的时候，我们的演出机会很少，因为乐队实在太多了。据不完全统计，北京至少有上千个乐队，大多数的乐队都没有演出的机会。而互联网时代就是一个自由传播的时代，不需要在北京等唱片公司签约才能出唱片、才能唱歌，在上海、在绍兴或者在福建、在西藏，不管在哪里，你都可以通过互联网把自己的音乐放上去然后流传，你也可以到处演出，机会更多，空间也更广阔。所以说没有必要挤在北京，北京的生活成本越来越高，空间也越来越拥挤。因此在北京生活了 15 年以后，我的梦想就转向了，我要寻找一个稍微安静一点、生活成本很低的城市。我在那儿生活，也能写歌，还能经常出去旅行、演出。

文字与音乐相通

主持人：我没想到你的诗也写得这么好，而且别具一格。我想知道对于文字这方面的工作，你现在有什么样的想法？

周云蓬：其实我更早、更年轻的时候，我的梦想是当作家。我上中学的时候，曾经在学校获得过诗歌朗诵的一等奖，当作家是我最远大的理想。那个时候考大学，理工科是很落伍的，大家都想考中文系，都想要当作家。那时候我去书店都是买世界名著，请朋友帮着读书，读书是我的兴趣。但是后来我当了歌手，这也是生存的需要。我到北京的时候，不可能靠站在路边朗诵诗歌赚钱谋生，唱歌基本上生存率和成功率都要高一点，所以我做了歌手。我现在出了这本《春天的责备》，也是对80年代青春梦想的一个圆梦，对自己那个时候向往成为诗人的一个回归。

我很喜欢文字，文字跟音乐是相通的。因为我都是靠听觉读书、写东西，或者是听书，或者是别人给我读，或者是靠读书机，所以我觉得文字本身也有强烈的音乐性，也有节奏、有律动。比如我们说话，声音高低错落不同，都是另外一种音乐。可能由于我们平常说多了，或者对这个东西麻木了，所以不敏感了。文字里的确有很多更隐秘的音乐性的存在，所以说，古人读诗的时候就会吟诗。可能我过去的这种梦想，无论是在音乐或者是在文字上，最后还是殊途同归，就是对听觉上幸福的一种追求。

天行健，君子以自强不息

主持人：你的书出来以后，一些媒体都是把它作为一个盲人歌手的作品，更多谈的是你在身残志坚方面的模范意义，你觉得这种评判公平吗？

周云蓬：在早年的时候，我比较讨厌身残志坚这种榜样型的东西，但是我现在心理变得更加坚强了，或者说神经更强悍了，因此也无所谓了。我后来想，其实人身上，尤其是年轻人身上应该有很积极很强悍的那种东西。

我喜欢《易经》里的“天行健，君子以自强不息”，这句话特别好，它说的是非常朴素的真理。那些很励志的话一般听起来有点虚伪有点傻，但是《易经》里的这句话很有分量，大家可能更多理解《易经》是算命的书，即使是一本算命的书，里面有这么一句话，揭示了人是可以通过自己的行动，去改变自己的生活，改变这个社会，哪怕是那种些许的改变或者是微笑的改变。仅此一点，这本书就是有价值的。所以我觉得过了这么多年，我从那种自尊心的东西又回归了，我觉得我可以带给别人更积极的东西，让别人争取幸福的生活。如果我的音乐能传达这种东西，那这个音乐就是一个非常好、非常成功的标志，就能传达一种激励人们争取自己幸福生活的能量，这就很好。

要有自己独特的梦想

周云蓬：梦想不是货币。我觉得，每个人应该有自己独特的梦想。你至少要相信一个东西，人的心里应该相信一些东西，比如自己的梦想，你相信它总比不相信它要更好一点，生活会更幸福一点。

我观察了很多的人。在中国，人们口头禅就是，你现实一点吧，你别老做梦了。其实现实是不会让人幸福的，现实的人一点都不幸福，真正幸福的人是那种有梦想、有想象力的人。现实就像一把双刃剑，伤害了别人也伤害了自己，像是没有润滑油的机器，整个全是齿轮，制造了很多的噪音还有磨损。我觉得在座的同学们应该都不要觉得梦想很奢侈，应该都有自己的梦想，虽然梦想有的时候不见得是用来实现的，关键是要有。你走向梦想的过程是最有意思的，它可以把你的现实照得很亮，就像你心灵的窗户。窗户不是用来走出去的，是用来看风景的，梦想可能就是窗户，它需要有，但是它不是用来行动的。它是让你观看或者就放在那儿，你的生活就会变得很美好；没有梦想，那你就会很封闭或者是得自闭症。

反思使梦想“保鲜”

主持人：我想知道，你一路走来，中间有没有放弃过梦想？我不相信这个梦想是坚持永远的，肯定有曾经放弃过的梦想吧？

周云蓬：对，我觉得是有。比如有的时候，我的生活进入一种平台状态。什么叫平台状态？就是不是最苦也不是最好、一种平坡的状态，比如我现在的生活。我现在是靠演出维持生计，有人说，老周，草莓音乐节来不来？多少钱？在哪儿演？谈好了，我就去了……就是这样，我现在进入一种平台状态，可能这个平台状态最容易让人失去梦想。因为这种生活就是很平缓的一个惯性，让人一点一点麻木了，所以可能就想不了那么远。

主持人：这个是因为你已经成功了的原因吗？

周云蓬：不是，我的是偶尔的“忘恩负义”的问题，不是成功的问题。你有时候会突然地患了遗忘症，进入了生活的小幸福的麻木中。小富则安，根本就不想自己过去生活中那些梦想的东西了。这个挺危险的，你越来越没有想象力，你的创造力会越来越衰退，你的作品可能越做越不好。走下坡路是非常自然而然、非常快的事情，所以我现在时常提醒自己，尽量多反思自己做的一些事情。

把自己变成有趣的人

主持人：谈一谈你的诗歌和写诗的感受？

周云蓬：我觉得在这个社会里，每个人应该争取有自己的梦想和支配的时间。艺术可能是其中的一个途径。当你创作音乐或者写诗的时候，你会感受到一种审美的愉悦。这个审美的愉悦是一种最个人化的愉悦方式，而且相对来说也比较便宜。你不需要花很多的钱，不需要住在北京二环边的一个大房子里，无论在哪里，都可以享受这种审美的愉悦，你瞬间就可以得到这种幸福。人生是由无数个瞬间组成的，如果你的很多瞬间都有一种审美愉悦照耀在里面，我觉得短暂的人生就挺幸福了。

在这个物欲横流的时代，人们更应该务虚。为什么每个行动和想法都要很有用呢？必须有结果呢？其实这是一个很无聊的推论。很多无用的事情可能是现在做出来后，将来才有大用。比如像很多的基础学科，一看都是没用，但是没有这种基础的东西，可能很多学科根本无法向前发展。人也是一样，多做一些无用的事情，是特别好的，是一种拓展未来强大潜力的行动，它会直接指向并造福未来。我主张同学们应该多向小孩子学习，多做一些看似无用的事情，多做一些有趣的事情，把自己变成有趣的人。

主持人：你自己是怎么看待你的音乐的？比如说音乐的艺术性方面，我觉得你在这方面是不是做出了更多的探索？

周云蓬：对，我其实像鲍勃·迪伦一样，他就是特别害怕别人给他戴上一个抗议歌手的名字，而我不是学他，我是做音乐的，我本身是一个歌手，我不愿意被贴上更多别的标签。

主持人：我从你的歌里面听出你是一个爱国的人。

周云蓬：我爱国。国家是由每个个人组成的，没有一个真正虚构的国家，一个脱离个人的国家是不存在的。国家必须爱每个人，不是爱一个抽象的人，而是爱每一个具体的人，解决具体的问题。

享受自己的生活

学生：您一直在用自己的一些收入帮助盲童，这是您的梦想之一吗？您是怎么看待这个问题的？

周云蓬：这也是我的圆梦。因为我小时候特别渴望有一个短波收音机，所以我想他们也会需要的。我觉得，所有的盲童和残疾人他们最大的问题是不能平等享有跟世界沟通信息的能力。一个人如果掌握了强大的信息量，他也可以变得很有力量、很健全。所以我们现在帮助盲童，基本上就是给他们买乐器、读书机、收音机、听音乐的 CD 机，让他们的生活更丰富一些、视野更开阔一些。

我们帮助一个人，不可能让他必须要成为一个音乐家或者其他什么人，更多的是提供一个工具，让他们自己去掌握一种思考的能力，然后去享受自己的生活，包括各种快乐和痛苦，还有尴尬。谁也不能帮别人解决掉痛苦。每个人有自己的权利去享受自己的尴尬、自己的痛苦、自己的快乐，我们只是提供一种扩大信息量的工具，让他具备一个真正有思考能力的可能性。

艺术原则和生活原则是相反的

学生：周老师，你怎么看在艺术上的成功呢？

周云蓬：每一个艺术家可能都是一个潜在的失败者，包括梵高，临死时说我现在最渴望的就是马上死去。伟大的艺术家都会认为自己是一个失败者，因为他在向无限的东西冲击，而不是向一个短浅的目标冲击。这样的话，他的艺术作品的含金量才会更高，给人的冲击力和感染力才能特别强大。比如莎士比亚的悲剧，悲剧给我们的并不是完全的悲伤和颓废，还可以给我们很多的力量，这些都可以通过在悲剧的审美中体会到。艺术的原则和生活的原则往往是相反的，我觉得是这样。

（2011 年 4 月 8 日，“未来中国·领军人物大讲堂”走进华东理工大学）

梦想赢天下

三届奥运冠军 侯斌

我今天来到西安电子科技大学，看到校园这么大、这么好，不知道各位同学看到新校区的变化的时候，心里有什么感受？而我的内心会有变化。当环境变了，内心也要改变，变得更加宽广、有远见。

梦想改变命运

现在许多人都在研究那些杰出人士的成功是源于什么样的想法，为什么会有他们的今天，他们之所以取得成绩源于什么。我们应该找到那个源头。在座每位同学考入这所学校之前，大家都有这样那样的向往，有梦想和激情，可是考进来之后会有哪些变化呢？你们的动力在哪里？有没有在持续？为什么会发生变化？为什么跟以前考学不同了呢？每个人都在说毕业之后怎么办，去哪里，做什么。而更重要的是，每个人都应当在思考当中、在行为当中、在变化当中就成就自己的价值。

我被火车夺去了左腿，小时候家境也非常困难，是体育改变了我的命运。1996 年我走出国门，在美国参加残奥会，当地媒体称我为“中国斌”。那个时候，我认为世界是了解中国的。我在残奥会上拿到了金牌，所有的观众站起来为我鼓掌，他们叫的是“中国斌侯”；我领完奖接受媒体现场采访的时候，他们还是叫我“中国斌侯”。我说我叫侯斌，他们说不对，在美国你应该叫“斌侯”，这时我才发现，他们并不了解中国。从那次残奥会之后，我告诉自己，我要用体育的精神让全世界人知道中国，知道中国的侯斌，而不是“斌侯”。

想法可以改变命运。你有梦想，你愿意将自己的命运和国家的命运紧紧联系在一起。当你有这样梦想的时候，你不会因为一次不好的成绩而摔倒。是梦想改变了我。很多运动员没有拿到金牌，他们烦恼、痛苦、伤心，失去了勇气和斗志。而我这么多年坚持下来，就是因为当时对我的触动。

大家都知道刘翔，他也常常跟我一起训练，但没有人知道侯斌的名字。可是，如果我的梦想不再持续的话，2008 年残奥会张艺谋导演不会选择我。为什么会选择我？是因为我拿过三届残奥会的金牌，我的精神延续到 2008 年。如果 2000 年我放弃了，2004 年我放弃了，2008 年点火炬的人一定不是我。很多人都想知道我的故事，他们应该站在这个角度、这个起点看我背后的故事，看我的起源，而不是今天的结果。

坚强才能去改变

我 9 岁的时候，有一天，我报名参加学校的田径比赛，我在比赛中拼命地跑，我旁边一个同学也拼命地跑，我一边看着他一边跑，跑到最后，他第一，我第二。学校给我发了小奖状，我很开心，这是我小小的成就。在回家的路上，我忘记了危险，一心想着早点回家和妈妈分享我的喜悦，而旁边的铁道上正有一列火车疾驰而过……我醒来时，已经躺在病房里，所看到的一切都是白颜色的，全都是白的，没有了多彩的世界——我的腿已经没了。那个时候，我唯一能做的就是对妈妈说："我没事，我很坚强。"我想让父母坚强起来，也让自己更加坚强，可是我能做的就是这一点点。

在同学当中，我是个子最高的，可是失去了腿，躺在病床上，我成了最矮的，翻身都很困难。那时候很多人来看望我，拿着罐头、蛋糕，二十几年以前，那可是我最喜欢吃的，我很开心。我跟我的小弟讲："小弟，你看看床底下有多少罐头？哥翻不了身，哥要把罐头都吃掉。"小弟爬到床底下，他说："哥，有53瓶罐头。"我好高兴，53瓶！可不少啊！过了几天，我又让小弟再去看一下还有多少瓶罐头，我小弟一看，"哥，罐头怎么少了呢？就剩4瓶了。"那时候我太小了，也很不懂事，我跟妈妈发火了，我说："妈，罐头都去哪了？好不容易攒了那么多的罐头，怎么没有了呢？"妈妈看着我，她说："儿子，你每天吃的鱼、鸡蛋是妈妈用罐头换来的，妈妈能做的就是这些。"

我们每一个人的成长，都是我们父母和祖国培养的结果。今天我们已经长大了，我们可以做许许多多的事情，我们传递的是父母的恩情、祖国的关怀。今天我们有很多罐头可以吃，可是我们的爱心、梦想在哪里？我们对父母的关爱在哪里？侯斌就是因为记得父母对自己的关怀，记得父母的满头白发，而这成为改变我命运的支撑。我告诉自己，我要改变我的命运，改变这个世界。

16 岁的时候，侯斌可以做什么？一个没有腿的人可以做什么呢？如今，我有很多的光环："冠军"、"全球残奥大使"……而在我 19 岁的时候，我没有这些名字，你们明白吗？有人叫我"一只脚的人"、"没有腿的人"。如果我不去努力改变命运的话，这样的符号一定会在我身上持续下去，所以，我要去改变。

我很早就工作了，16 岁的我在残疾人工厂里做搬运工，偌大的一个厂子，一百多个残疾人，会说话的只有 6 个人。我最大的盼望是什么呢？就是每天工作结束之后，我换下工作服，能和那几个会说话的工友聊聊天，这是我一天最大的期望。

全厂一百多个残疾人，每个人的命运也不相同。我的工作内容是拉货，我和一个聋哑人是一组，我在前面拉车，聋哑人在后面推车。我不会手语，他手语也不好，我们就在纸上画，画我如何走，走到哪个门，走多少步，我给他画无数遍，我们才能拉起车往另外的仓库运输，每天如此。那个时候我告诉自己，只要我再坚持就会改变我的命运。我常常坐在纸滚的旁边，它有 30 几度的高温，我发现手臂上有伤，正是在那个时候，我看到了希望。工作 3 年，我用坏了好几条假腿，摔了无数的跤，可如果没有那 3 年刻苦的工作，就不会有未来我在体育上的那种坚持和毅力，更不会有我的坚强。因此，所有给予我们人生的历练都会助我们去成长，不要去抱怨、排挤，所有的一切都是历练。

后来我选择了体育，可没有教练愿意带我。二十多年前，很多教练不愿意带残疾人。我去找这个教练，他不愿意带；我又去找另外一个教练，那个教练骂我，他说："你不要再来了，你给我滚。"我说："我刚从另外一个教练那儿滚来，你让我往哪滚？"就这样，我用自己的行动慢慢地打动教练，他才愿意接受我，愿意给我小小的场地，让我在那个地方跳，慢慢就改成让我在很大的操场上训练，逐渐地接受了我。就这样，一天天我在长大；就这样，一天天我在慢慢地发生变化。训练的时候，经常把我的假腿磨坏；不训练的时候，也不能跟别的队员去玩，我只能在家里用画笔画出我心中的故事，画了足足 20 年。每个人在一定时期都有自己的目标和方向，每个人都有梦想，因为有了梦想才能去改变。

坚持才会胜利

我第一次参加全国单项锦标赛的时候，心里非常高兴。这是当时我参加的级别最高的比赛了。在那次比赛中我跳了 1.86 米，打破了全国纪录，可看台上没有一个观众为我们鼓掌、为我们喝彩。各位，你们今天取得的每一个成绩可能没有人给你喝彩，可你要懂得坚持。很多运动员成绩比我好、比我优秀，可是他们接受不了这样的场景，他们无法面对这样的场景，他们选择了放弃，放弃现在，也意味着放弃了未来。我在北京跟以前的老队友聚会，看到如今的我，他们也都后悔了，因为他们的梦想没有持续。就那么一个坚持，便成就了未来，这就是人生的命运。

比赛结束后，我回到了佳木斯。我是黑龙江人，现在生活在厦门。那时候，我在黑龙江黑夜的雪地上训练，没有人认识我，我还像以前一样重新开始。日本的学者去那里跑步，他看见了我。他问我拿过什么成绩，我很开心、很自信地说我拿过全国单项锦标赛的冠军。他很惊讶。他在佳木斯陪了我一个月的时间，后来回到了日本，并把我的事情告诉了日本的媒体。过了一个月，日本两家最大的媒体来到佳木斯拍摄我的成长经历。我跳高时起跳的那一瞬间，他们拍了无数遍，他们希望通过拍摄我的训练方式，能够帮助日本运动员找到提高技术的办法。拍到第三天，我把所有的训练方式差不多都练完了，只剩下最后一个方式——跳栅栏。不知道在座各位是否知道“栅栏”？围墙的栅栏是用竹子做的，我把这个栅栏摆在田径场上，准备跳栅栏。日本的媒体拍了一下就不敢再拍了，我说为什么不拍呢，这也是我每天训练的内容。翻译后来告诉我，他们说，如果你跳不好，腹部就会扎到栅栏上，这该怎么办？人生需要改变，刘翔的成绩是怎么改变的？一定是以与众不同的方式改变自己。那个时候全年只有一次比赛，没有比赛哪有信心，我用这种方式提高我的自信心，无数次的跳跃使我树立了坚定强大的自信心。在几万名观众面前我不会惧怕，不会惧怕我便会赢得所有的比赛，我们所有的光环后面便是用无数次的危险方式度过的。

通过 1996 年我在美国亚特兰大跳高的一瞬间，你们看到了什么？美联社的记者写了这么一段话，他说：“没有谁能够阻挡这个独腿青年对美好的追求，他是一位永不会停止跳跃的人。”各位，你们今天的想法、你们的行为已经成就你在未来的冠军，可是如果你的想法随时在改变，你就不会成为冠军。美联社的记者看到了我在克服所有的挑战，我在克服每一次的赛事，我用我的方式在激励着他人，他仿佛看到我的未来，他说我会“激励他人”，而我现在正在演讲。所有的人已经看到你的未来，可如果你不愿意去选择、不愿意去做，那就没有后面所有的一切。

人生由自己把握

我想告诉各位一个故事：5 个小时可以改变一个人的命运。那是我第一次随团出国，到美国之后，在一所学校住了下来。房子是很大的公寓，左边的房间住 4 个运动员，右边的房间住 4 个运动员。当我们进了房间，发现里面没有被子、枕头，很多东西都没有。我的床上没有被子，而同住的队友睡觉打呼噜，他把行李一放坐地上就睡着了，我一看没办法睡就走出来了。客厅里也有两个队友。我说你们怎么不睡觉呢，一个说钥匙开不开门，已经汇报给团部，等待解决；另一个说枕头、被子都没有，怎么睡啊，也在找组织解决。我想，那我还是自己想办法吧。

我从楼上走下来，各个国家的运动员在走廊里来回穿梭，坐在地上肯定碍事；我又到了室外，草坪上有蚊子，也没办法睡，只好又回到房间里。我们住的房间有两个卫生间，我跟老队员说，能不能让我睡在一个洗手间里，只要睡一个晚上就可以了。这是我自己的主意。老队员同意之后，我把床垫子搬到了卫生间里。卫生间有个中央空调，吹着冷风，实在太冷了，我把袜子脱下来，堵上了中央空调的出风口。就这样，我睡了 5 个小时。

第二天早上要适应场地了，当我打开卫生间的门走出来的时候，我那两个队友还在房间大厅等着团部解决问题。那时候可口可乐公司是赞助商，他们一边喝着可乐一边等着解决问题。运动员没有休息好，肯定就无法比赛。第三天我们去比赛了，我拿到了金牌，他们连第八名都没有拿到。每个人的想法决定了每个人的命运，我用自己的方式解决了困难，成就了今天。

1996 年、2000 年、2004 年我得了三届残奥会冠军，三届残奥会的开幕式我都没有去看，因为我的比赛项目是在开幕式后的第二天。我申请不参加开幕式，团部领导很不理解。实际上，当进入开幕式现场，所有人都在欢呼，你肯定要跟着欢呼；所有人都在笑，你也跟着笑；所有的场地走一圈，看完所有的节目，等回到驻地的时候，你依然是无比兴奋，可能就无法进入比赛的状态。很多运动员又想去看开幕式，又想比赛拿到名次，两者都不想放弃，这就很难协调。三届残奥会的开幕式我都没有去，我认为这是我人生最大的遗憾。可是，2008 年残奥会开幕式，我成为开幕式的主火炬手。人生往往就是这样，你失去那么多观看开幕式的机会，没想到最后一次你却成为开幕式的主角。

2008 年，张艺谋导演选择了我和另外一个队友成为点火炬的候选人，那个时候都不叫名字，就是“一号”、“二号”这样的代号，谁会成为最后的主火炬手？没有一个人知道。

我是跳高冠军，我的那个队友是投掷铅球冠军。当我第一天攀 12 米的时候，那个队友上得比我快。可是你发现了什么？在整整 15 天以后，我成为主火炬手！为什么到最后是我成为主火炬手呢？这里面也有故事。那时候，我非常努力，每天都想第一个去上，第一个去试，不是我在要求我点火炬，而是我以行动在改变和感染身边的人，他们推动了我成为男一号。这说明，人生的命运和一次次的转折，应该都由你自己去把握。

点燃奥运火炬，要反复训练和尝试。那个时候我们常常攀在二十几米的高空，绳子经常被搅缠在一起。导演来电话询问今天练得怎么样，现场指挥就说等一会儿，选手被卡住了，下不来了，我们正在救“一号”。“一号”就是我。等几天后导演到现场来的时候，他会让谁先上呢？“让前两天被卡在上面的选手上”。还是我。我先上。他看我攀登，我攀到27米就上不去了，另外一个选手再上。可第一个上去的我却给导演留下了第一印象。那个时候，现场导演每天到驻地来接我们，我们要带绳子、手套等，必须保持电话畅通。可我的那个队友是关机的，我的电话是畅通的，这时就体现出与外界交流的重要。当我和现场导演沟通的时候，我就提出很多想法和问题，我告诉他，我每天这么练，力量不够，我想增加一些机械训练，给我准备一个大水壶也可以。你可以给他们提要求，这说明你在想办法。

有一个可爱的记者朋友，他一直想拍奥运背后的故事，想拍我们是怎么训练的。他什么都拍，我们洗衣服也拍、训练也拍、被蚊子叮也拍。他问我能不能告诉他我在空中的感受。我说我在空中有点怕。他说不行，你肯定有内心的感受，你要把它表达出来。我说我刚上来的时候确实有点怕，腿都软了，可是慢慢就好一点，我也不知道能不能将内心的世界表达出来。那个记者太敬业了，他第二天就找现场的导演签协议：“我要看他在空中的心理变化。”我说不要上去了，他说不行。第二天，勇敢的他就绑上绳子，被机器吊了上去。升到12米左右的时候，他的腿一直在蹬，我问他为什么蹬那么厉害，他说他也不知道。在我们一直说的时候，升到了22米。我上去的时候手里拿着对讲机，是用来告诉下面的人何时停，机器上下由对讲机控制。我们俩聊着的时候，已经到了三十几米了。我觉得可能差不多了，今天一下拉到三十几米，太高了，我就用对讲机呼叫地面的人。我说，我是一号，把记者放下来，停下。因为我说得比较慢，说的时候又拉高十几米，过了一会儿，把他放下来了，我看着他被慢慢放下去，人也变得特别小。后来，我调侃他，说我要采访一下你，你能告诉我你在空中的感受吗？他瞪了我一眼，说：“谁上去谁知道！”

人生其实就是这样，你的学习、你的改变不被人理解，可能只有你自己知道。但如果你太在意这些，你就不会向上去攀登。

我的手臂在一年前摔断了，里面打了钢板，每天晚上回来的时候，我就在宿舍里用热水烫我的手。我可爱的队友出来，帮我拍了一张照片，第二天给我看，“看，你的口水都流出来了”，他在笑话我。但如果没有他的帮助，不会有我的今天。所以，我们看到的那些美丽的画面，背后是由无数个故事所组成的。透过故事，我们会看到自己的方向。

开幕式上有这样一个场景，盲人运动员带着导盲犬从 100 米以外向我走来。这个环节，我们练了无数遍。我跟导盲犬交朋友，抱抱它，跟它聊天，“这次就靠你了，你要带着主人向我走来，把火炬点燃”。为了防止导盲犬走偏，我想了不少办法。比如拿火腿肠喂它，有时候我把火腿肠放在左边的兜里，它会转一圈来找；把火腿肠拿过来在轮椅的旁边擦一圈油，它会乖乖地绕圈……你得想很多的办法，能够让它带着主人找到我。开幕式那天，全球现场直播，导盲犬走得非常好，带着它的主人一步一步向我走来。

2008 年之后，我参加一系列的公益活动：我去联合国为联合国主席们演讲（我永远也不会想到，我可以跟布莱尔先生同台演讲）；我参加中国驻美大使馆的活动；我和美丽的太太去四川参加一系列的慈善活动；我们跟香港合作资助项目，三年内让都江堰一百多个肢残孩子站起来；我们带着十几个孩子去香港参加户外活动，让他们心智得到变化；我们和刘德华拍摄励志影片……各位，今天你们看到的所有对我的报道，并不是给予我的，是给予中国的。通过奥运会、残奥会，世界更多地了解了中国。

各位同学，这就是我。我没有腿，但是我拥有希望，我可以去潜水，我可以去漂流，我可以做我想要做的所有事情。4 年前我结婚了，拥有了一个幸福的家庭，有了可爱的儿子。我的太太也是我自己找到的。我希望我的命运、我的爱情也是由自己把握的。

同学们，你们看到的侯斌永远是失去一条腿，我的左腿是假腿，我的右腿有伤病。虽然我失去了腿，可我不能失去我的梦想、我的思想。在结束今天演讲之后，我要奔往甘肃敦煌进行 4 天的徒步挑战，一天要走 30 公里，我不知道我能不能走到，可是我有梦想。相信你们也一定能够走到！

选择决定命运

学生：侯斌老师，您好。我一直在思考这样的问题，中国现在最需要什么？我如何去实现自我价值的最大化？如何去实现自己的梦想？

侯斌：1996 年的时候，我没有很多运动员的优势，可是我的想法决定了我的命运——为自己去获得金牌，为自己获得人生。

人常常被自己的担心所困惑，担心完成不了那些目标。可是一旦有了梦想，即使摔倒无数次，你也不会害怕。各位同学即将面临毕业，你要选择什么样的企业很重要，是选择一个收入很高的，还是选择能够造福于社会的。如果企业的产品能够帮助到很多人，你选择这样的企业，你就会走得更长远。如果你选择一个看似很好的企业，但是产品并不有利于社会，你进去的话，只能和它一起走向灭亡。所以，你的选择决定你的命运。

走完全程就是冠军

学生：侯斌老师，您已经是三届冠军，人生可谓达到巅峰，您是怎么让自己不断努力、不断坚持、不断创造另一个梦想呢？

侯斌：很多运动员都获得了金牌。我个人觉得金牌只是人生的起点，人生的路还很漫长，这只是一个开始。如果你把它当成一种收获和结果，那么你就失去未来的动力。每一个运动员要足足练 4 年才能参加奥运会，4 年间每一天训练的改变，才能成就你 4 年之后能够站在那个比赛场上。这都是信念在支撑着我们。一个国家、一个民族、一个城市同样要有信念。如果没有信念的话，你就不会走完全程。什么是人生？什么是冠军精神？不是失败、不是跌倒，而是走完全程。

每人都可以做慈善

学生：您一直热心公益事业，对待公益，您自己有怎样的看法，今后有怎样的打算？

侯斌：慈善不是只有站在大的舞台上才叫慈善，每一个人都能做慈善。我刚去厦门工作的时候，去村里看望残疾人，其中有个人是脊椎严重变形，他的背靠在一个高高的椅子上，屁股在地板上是S型的，他唯一能动的是两只手，拿着小棍来回扇蚊子。他没有收入、没有低保。我回去之后，和几个好朋友说了这件事情，他们都站起来说帮助他解决。你会发现，想要做慈善事情这个想法出现的时候，会有很多人愿意汇聚在一起跟你做这件事情，这是很重要的。什么是慈善？不是你要捐多少钱，而是你的行动。帮助别人是从一点一滴开始的，人不去付出，心理就不会得到平衡，你的人生就不会走得更远。

梦想是心灵的种子

王红：我跟大家一样，沉浸在侯斌生命的激情、生命的高度里边，让我们用掌声再一次感谢侯斌。

梦想是一颗心灵的种子，值得我们用一生去培育、去浇灌，它是我们生命的支柱。我跟侯斌通电话的那个晚上，侯斌的儿子正在过生日。我们交流的时候，我能感觉到在侯斌身上，那种为人父的温情更胜过世界冠军的辉煌。两个小时的演讲，我更深刻体会到他对生命的感悟之深远远超越了他的年龄，这让我对他更为敬佩。

一个在床底下数着罐头的小男孩，有没有想到20年后会有几万人为他欢呼？侯斌也说，你的成就永远大于你的想象。侯斌说正是在那个福利厂工作的3年给了自己最大的鼓励和收获，让他在绝望中看到希望。我们每一个大学生都是中国的未来，在我们的成长过程当中，肯定会有希望、喜悦，但是也一定会有挫折、绝望，我们能不能也做到在绝望中看到希望？只要你坚持，只要你再坚持那么一点点，你就能做到。不要抱怨，无论是快乐、欢笑、挫折、困难，所有的一切都是人生成长的礼物。

侯斌一直在重复一句话：你能不能成功，别人能看得出来。为什么别人能看得出来？是因为你具有强大的内心，然后成为强大的人。侯斌用栅栏练跳高的时候，大家看到了一个最平常的真理，光环的背后一定是异于常人的付出。我们在抱怨的时候，请问问自己，我的付出是不是和别人一样，还是异于常人般付出了吗？侯斌说生命的要务不是超越别人，而是超越自己。我特别欣赏他的一句话，他说：“生命最终的成就不是当冠军，而是要走完全程。”整个生命就是不断地认知自己、了解自己、超越自己的过程。

美国记者如此评价侯斌，“克服、挑战、激励他人，他是一个永不会停止跳跃的人”。帮助别人是他生命的需要。成功是必须要努力的，但是努力不一定能成功，你努力了，不一定能成功。他讲到这个因，你如果是为了自己，你的路会越走越窄；当你不是为了自己，你的心跟祖国在一起，你的心跟他人在一起，你的心跟弱者在一起，你注定能够成功。你的动力不是来自于个人的小我，而是要成就一个大我，这个世界是为大我而存在的。

还有一句话，“谁上去谁知道”，我想这句话的涵义是奥妙无穷的。生活的路要靠大家自己走，两个小时的演讲，对大家来说，可能就是生活中的一个小插曲，就像点燃火炬的那一瞬间一样，光彩照人，但是以后的路要靠我们每个人去走，平凡的日子也要一天天地过。今年“五四”青年节的时候，温家宝总理会见青年代表，他说："志如行路，行十里者众，行百里者寡，行终生者鲜。"生命最终的成就不是拿到冠军，而是要走完全程。

侯斌给大家送来两个"魔杖"，一个是信念，一个是感恩，请大家记住这两个词，把这两个魔杖烙印在我们的生命里。

（2011年5月12日，"未来中国·领军人物大讲堂"走进西安电子科技大学）

梦想花开的地方

国家二级心理咨询师　朱卫彬
中科院生物物理所研究员　唐　捷

朱卫彬：今天很高兴来到南京，我的青春和童年记忆都在这里。我喜欢“未来中国”那个“分享生命”的口号，要说“领军人物”我肯定是不够格，但是今天在这儿讲人际关系、讲职场，我觉得还是有一点点资格的。我毕竟走了这么多的国家，换了这么多的单位，可以说是阅人无数。职场的酸甜苦辣，我都有充分的体验。

适应不良的三个反差

在我这么多年的工作里，我发现一个普遍的现象，就是在面试的时候，应试者一个个都充满自信和激情，满怀梦想，但等进入单位以后，可能也就是半年甚至 3 个月的时间，很多人好像一下子变得特别颓废、失去斗志。他们或者觉得这个领导不器重我，那个领导也没水平；或者认为单位的情况挺复杂，我在这儿没有什么前途，看不见发展和希望。我觉得非常奇怪，才短短的几个月，前后就判若两人了，怎么会有这么大的变化呢？后来才知道，这在心理学上叫做适应不良。也就是说，当你到一个反差很大的环境里的时候，如果没有心理准备，那你可能就会出现这个情况。

学生从学校到单位，至少会遇到三个明显的反差。

首先是人际关系的反差。在学校，人际关系比较简单，比如说你跟老师的关系，如果你愿意，在大学里可以跟老师压根儿没关系，老师上课来了，下课走了，一学期下来，你们可能互相连姓名都不知道。跟同学的关系也简单，如果喜欢谁，可以天天和他在一起，如果不喜欢便可以忽视他，当他不存在。但在职场里就不行了，形形色色什么人都有，有领导有同事，人际关系复杂。而且不管人际关系多么复杂，你多么不愿意招惹，都没有办法逃避，还得全力面对。在学校里，你可以漠然走过一个人，什么事都没有，但要是在单位里碰上谁，如果你笑得心不在焉，都有可能是问题。这个反差是非常大的。

第二个大的反差就是宽容度或者是期待值不一样。在学校的时候，你只要不挂科，不打架，学校和老师一般不会找你麻烦，你大可以旷课、迟到、在课堂上睡觉，只要别太出格就行了。在同学中间也是，你当独行大侠，或者是耍个性都可以，别太过分就行，学校对大家的要求是不求有功但求无过。但是在职场就完全不同了，这里就是要一个称职的员工，而不是一个学生。在职场里，无论给你安排什么工作，你都要做好；如果没有做好，别人就会指责你，要求你十全十美。

最后一个反差就是地位不一样。在学校的时候，学生属于主流社会，有较高的地位；但是进入职场，刚进去的新人资历最浅，地位最低，一下子成了弱势群体。

把工作做好是根本

这三个反差使许多同学出现了适应不良的情况。怎么才能够到了一个地方、一个单位以后，不光是适应良好，甚至是如鱼得水呢？根据我的体会，我觉得简单地说就是两条，第一条是工作上摆正自己的位置，第二条是处理好人际关系。

摆正自己的位置，做好自己的工作，是我多年的经验所得。我发现仅仅靠这一点，我就能得到我想在这个单位里得到的大多数的东西。哈佛幸福课的老师讲过，你为什么要工作呢？一般来说是三个理由：一，为了养家糊口，为了生存；二，把它当做一个职业，在这里追求不断地发展，不断地提升，最后能够得到你的成就，实现你的价值；三，就是你特别热爱这个工作，你把这个工作当做你的使命，当做你的梦想。这样的人非常少，但是这样的人非常非常幸运，非常难能可贵。所以，不管你是为了钱还是为了职业的发展，获得成就，还是为了热爱，不管是为这三点中的哪一点，把工作做好就都能够达到这个目的，这是一个非常简单有效的方式。

我在一个单位的目标和要求都很简单：既不会期望这个领导像父亲一样赏识我、喜欢我；也不要求这个地方所有的人都特别和睦，互相关心，像大家庭一样；也不会期望在这个公司找到知心朋友，甚至男女朋友，这些东西都可以在其他地方找到。如果你的需求越多，这个单位能够让你满意的地方就越少。所以我一般是盯住一个目标，就是做好工作。

我发现“做好工作”这个单一的目标，还有一个很大的好处——可以很简单地处理与领导的关系。我是一个很简单的人，我不想去巴结领导，也不会那样去做，但是走了那么多地方，换了那么多单位，所有的领导对我都挺好的。公司老板可能会有十几个目标，比如想自己得到提升，或者说使这个公司很有名望，可以得到很大的利益……不管怎样，这些跟我都没有关系。即使公司老板或领导有十几个目标，但是至少有一个目标是把工作做好。我只在这一个目标上跟他取得一致就足矣。

这样做的第一个好处是，关系的出发点在我，我不用去琢磨领导喜欢什么，他是一个什么样的人，是不是能够琢磨出也不知道，说不定等琢磨出来领导可能还换了。所以我就以自己的工作为出发点，做好工作是我的目标，这个目标既是领导的目标，也是公司的目标，这是一个共赢的事情。

这样做还有第二个好处，如果你要是去揣摩领导的话，你就很被动；你从自己出发，就会变被动为主动。虽然你不会是领导最喜欢的人，但是至少领导都会喜欢有用的人，他也需要有用的人，需要能干活的人。对我而言，这是一个比较简单、省事的方法。

负责的心态很重要

想把工作做好，我们还需要有负责的心态。

在学校的时候，大家都是学生，但是到了单位以后，最怕的就是你还抱着学生的心态。大家初到单位时会抱着一个学习心态，这种学习心态和学生心态是完全不一样的。学习针对的是知识，知识可以通过学习弥补，但是是否负责跟知识多少并没有关系。我原来的单位就曾经有半年的时间非常混乱，因为新来的三个大学生反复出事，比如忘记关水浴锅，结果导致断电，整个楼停电，要不就是损坏了科研器材，耽误了工作。在学校，学生不怕出错，即便出错也不会有什么严重后果，大家也不会负什么责任。但是进入单位以后，如果连小事情你都做不好，领导肯定不敢给你大事做，而且领导慢慢会觉得你这个人没有责任心，一旦产生这个负面印象，对你是没有什么好处的。

负责就是一个心态的问题。如果大家没有这个意识，觉得我反正是一个新人，出点错也没有什么关系，这种认识是非常错误的。

真诚是最受欢迎的态度

人际关系是最重要的。心理学研究证明，良好的人际关系是一个比金钱、成功和价值都更重要的人生幸福的决定因素。印度的哲人甚至说过，生命就是关系。

美国学者安德森统计出在人际交往中最受欢迎的人格品质：真诚、诚实、理解、忠诚、真实、可信。这6个人格品质或多或少都与真诚有关。所以，真诚是最受欢迎的人格品质，也是个人吸引力的最主要的因素。

就是因为我真诚和真实的本色，不管身在哪里，我都可以与人相处得非常好。比如说刚到法国的时候，我的顶头上司是一个俄罗斯人，我们以前是通过电子邮件联系，我发电子邮件给他，他会马上就回，我觉得这个人反应很快，做事很利索，应该是和蔼可亲吧，结果见面后很出乎意料——他总是板着脸，不爱说话，后来我还发现这个人特别内向、孤僻，还爱喝酒。最糟糕的是，所有的人，包括实验员，包括大小老板，都对他看不惯，都对他有意见，都说他坏话。我心想，在这么一个人手底下够麻烦的。但是我后来发现这个人心眼很好，也很赏识我，有什么好事都想着我，也把我当成自己人，比如到美国开会、博士后奖学金延期等都是他提出来的，还亲自帮我办理这些事。他对我好，我自然也对他好，也不会因为别人都不喜欢他，我就不能喜欢。我们另外一个大老板特别有风度，慷慨大方，经常请大家吃饭，对我们始终很好，因为人家对我好，所以我也对他非常好。我们还有一个日本小老板，对我也很好，非常关心我将来的发展，总跟我讨论离开法国之后的各种利弊。他知道我尊敬那个大老板，我也知道大老板跟他不对眼，大老板请客吃饭他也从来不去，但我觉得这是他们俩之间的事，跟我没有关系。我是以真心与每一个人真诚相处，我觉得人家对我好，我就应该也对人家好，人家即使对我不是特别好，只要我喜欢他、欣赏他，也会真诚友好地跟他相处。三年以后，等我离开的时候，这三个人都给我写了特别感人的推荐信。

我举这个例子是说，如果什么时候你觉得左右为难，你想跟这个人亲近，又怕别人不乐意的话，多半是因为你没有立足在自己，你是想迎合别人，或者说你想讨好别人。也有可能因为你担心，出于担心，你做什么事情都是以别人对你的期待和要求为出发点：我要这么做他会不会不高兴？他要是不高兴，我就不敢做这件事；如果别人对我这样做有意见的话，我也不敢做……这样你就活得很累，甚至可能还有更糟糕的情况——你在里面周旋半天，最终还是里外不是人。但如果是从自己的真心出发，做自己觉得应该做的事——这就是我的本色，我不需要在乎别人对我怎么想，那些都跟我没有关系。这样做的话，最后的结果反而是出奇的好。你不会卷入关系的漩涡里去，你和每一个人的关系都是根据自己的喜好有近有远，但是他们所有的冲突跟你都沾不上边，真诚是这里面最重要的态度。

不设防的心态是法宝

不设防的心态也是走遍天下的一个法宝。什么是不设防的心态？就是天真和信任的心态。

很多人都说，这世界太复杂，害人之心不可有，防人之心不可无，所以大家都应该防着点。但关键问题是你会防谁。跟你关系特别铁的人，你不可能防；特别喜欢你、你也特别喜欢的人，你也不可能防。你防的人，或者是你不太了解的，或者是看不顺眼的，或者是对你表现出有敌意的，甚至是你觉得有可能跟你作对的人。你防着这样的人，坏处是什么？你防着他，你就把自己藏在盔甲后面。你藏在盔甲后面，别人是能够感觉出来的；你是不是真诚和人相处，别人也能够感觉出来。他觉得你们俩关系不好，你会不会说他坏话，或者背后做什么不利于他的事，因此他也防着你。你们俩之间的猜疑是一个最大的恶果，没有比猜疑更伤害关系的了。在猜疑中恐惧会升级，恐怕真的有一天，他会跑去以攻为守，说你的坏话，坏你的事情。防是防不住的，嘴长在别人身上，别人说什么、做什么，你是管不住的。但是不防的话也有好处，最好的情况就是化敌为友。一个巴掌拍不响，如果你老是把他当好人待着，或许有一天他真的觉得你跟他没有什么利害冲突，反而有可能成为朋友，这就是化敌为友。还有一个好处是，如果他真的去说你的坏话，如果你一贯是一个不设防的、天真的、真诚的人，大家对于流言能够信任的程度是很有限的，这样就能把他对你的伤害降到最低。

我要说的是，不设防是一个态度和心态。信任一个人，不是说为了显得跟他亲近，你就跑去把自己的私事和短处都告诉他，这并不是信任。这样做是交际延伸，也是很忌讳的。不设防的根源是你相信自己也相信周围，相信没有任何人、任何事会伤害你。这种不设防的、信任的、天真的态度其实是一个非常简单、但也非常有力的方法。

理解别人也是提升自己

真诚和不设防是两种心态。如果真要做到这两点的话，还需要培养一些能力。

第一个就是只看别人长处的能力。这在心理学上叫做“无条件积极关注”，你要无条件看一个人积极的一面，这是对心理咨询师的一个要求。从心理学上说，别人怎么对待你，反映了他的内心；你怎么对待别人则反映了你的内心。如果我们看别人到处都是缺点，这就反映我们自己内心的境界就是这样；如果我们能看到别人都是各有所长，各有可爱之处，就说明我们自己的内心里头也全是这些可爱的、各种各样的优点。

第二个就是理解别人的能力。有的时候遇到某些人，你会觉得实在看不到他的可爱之处，或者是看不到他的长处，这个时候怎么办？就要用到理解别人的能力了。心理学家马斯洛说，人的需求有5个层次：生存的需要、安全的需要、爱和归属的需要、获得尊重的需要及自我实现的需要。这是一个三角型的结构，像金字塔一样，每个人都会在不同的时期处在一个特定的需求阶段。每个人处的阶段不一样，追求和需要也各不相同。

我们经常听到或见到有些人背后到处说人坏话。其实这也不一定是他自身的原因，很可能是家庭教育的原因。从小家长跟他说，你得好好学习，如果比不过别人就考不上重点，所以他从小就要跟人比，如果比不过就得不到父母的爱，自己就没有价值，在这个竞争的环境里就活不下去。这是他从小受到的恐怖的教育，长大后就会这么反映出来。如果你理解他的话，他就从一个可恨之人变成一个可怜之人，因为他没有你这么幸运，你从小就有一个幸福的家庭，给你足够的信任和安全感。你看明白之后就不会恨了，气就消了一半了。而且这种时候，关键问题不是说如何去看别人，而在于如何分析自己，我为什么对这个事情这么生气？我是不是在害怕？害怕他去说我的坏话，害怕别人相信他，害怕领导会因此对我没有好印象，因而影响我未来的发展……如果这样的话，就说明你缺少安全感，你怕别人会伤害到你，这是找到了你自己的问题；或者你觉得这个人怎么这样，品质也太恶劣了，那可能就说明你对一些人包容和接受的能力太差了；或者你会觉得，我跟他关系那么好，他居然说我坏话、背叛我，太可气了，这就说明你对爱和归属的需求特别强烈，这个也是自己的问题。其实你最受不了的是别人帮你找到了自身的不足。但只有你看到自己的问题，才会知道自己哪部分的需求没有满足，才能够在自我觉察之后自我提升。所以有这么一句话：你最受不了的人是你的佛，是帮你成长的，你得感谢他。

如果你是一个人格完全健康的人，那么你是不会轻易受到外界的伤害的。比如现在空气里有许多细菌、病毒，可是并不是每个人都生病，只要是有强壮的免疫力就不会受到伤害。所以，焦点还是在内，看自己身上有什么问题，这就是自我觉察。自我觉察的目的就是为了自我提升。提升自己，就能获得一个健康的人格和强大的内心。

培养真诚和不设防的心态、只看别人的长处和理解别人的能力，你要有比较强大的内心，才能做到。这个强大的内心，除了你去自我觉察、自我提升外，没有什么别的方法能够达到，这个过程其实就是自我修炼。

我们最常见的是抱怨：抱怨这个单位不能给我想要的东西，抱怨别人太不像话，希望别人改变。其实想让别人改变这件事情基本是不可能发生的，想让环境为了你改变，也不可能发生。你唯一能做的事情就是自我觉察，提升自己，改变自己。你如果内心足够强大、足够美好，以后你就会显露出来，周围的人也会不自觉地被你改变，并不是你想改变他们，而是他们会不自觉地受你影响、被你改变，这个环境也会被你影响和改变。甚至到了一定的程度，你能去营造一个你所希望的环境，这就是最高的境界了。

敬业是基本要求

营造好的人际关系，也是为了自己能在一个地方待得开心、顺心。其实任何单位和组织，对人际关系也是有基本要求的，那就是要追求团队合作。职业、敬业、专业是组织对员工要求的一个最低层次或是一种基本姿态，尤其是国外公司招聘：第一，它要跟你强调团队合作，首先问你是不是一个好的团队合作者；第二，它要问你如何应对各种冲突的环境，就是要保证这个公司里面最低得达到一个敬业的人际关系，然后可以有亲和的，可以有喜欢的。但是敬业必须是要这样做：不管我喜欢不喜欢这个人，在工作需要的时候，我必须全力以赴地去帮他，绝不能因为个人好恶而影响团队合作。

我刚才讲了非常多，核心就是做自己：你是谁，你是什么样的人，你是不是有一个健康的人格和强大的内心……所以，当你能够一门心思地扑在工作上，当你真正能够欣赏每一个人，当你会满怀激情地去做一件事，你内心已经足够强大、足够丰富了，你已经走在梦想花开的路上。所以，你的宝贵不是在于你的知识，你的宝贵在于你对工作的激情，你在艰苦环境下的坚持，你对一个困难工作的韧性，你给周围人带来温暖的一种感觉，还有你自己真诚的、勇敢的光芒，这是你宝贵的地方。一定要好好地呵护你那独特和宝贵的品质，保护好这颗萌芽的种子，慢慢地你的理想就会开出花来，这片幸福的土壤也会因为有你而更加美好！

先做人后做事

唐捷：刚才朱卫彬老师从心理学的角度讲了很多，其实我要讲的事情很简单，就是一句话：先做人后做事。我在中科院每年要面试研究生和各个方面的职工。很多时候，面试者可能只有5分钟或者最多10分钟的时间展示自己，底下有七八个教授看着、听着，问两个问题。等到十几个或者几十个人面试完了以后，关起门来，这些教授在这儿谈论我喜欢哪个，不喜欢哪个。有一些选中，有一些淘汰。被淘汰的人不知道这次做错了什么，他觉得自己没有被录取，可能是因为这句话没有说好，或是那个知识点没有记住。其实这些都不重要，关键在于你给人的第一印象，这个已经决定了教授对你最后是投赞成票还是反对票。

第一印象是什么呢？就是这个人的素质或者是这个人的状态。这是一个没有逻辑性的东西。第一印象怎么来？举个例子说明一下：如果你平时是一个很不自信的人，即使你看过很多关于面试的书，说面试的时候要显得自信，说话要多高的音调，讲话要用什么语气去讲……那些都没有用，因为第一印象在你开口之前就已经定了。你即使在家演练很多遍，把每句话都背得滚瓜烂熟，所有人也都知道这是你背出来的，并不是内心的真正表现。

我想和大家做一个互动：我来当评委，你们是面试者。你不用说太多，先说自己叫什么名字，你最理想的职业是什么，退而求其次想做什么，最万不得已时要做什么。这个万不得已就是一个饭碗，退而求其次就是一个能够不断上升的事业，最理想的应该是你的最大的热情、最多的兴趣和最强的使命所在。你就说这么几句话，然后我来说说我的看法。请大家把人为的因素屏蔽掉，因为我不认识各位，所接受到的信息也非常有限，我可以把我对你的第一感觉告诉你，这样可以帮助你们对自己有一个更好的认识。其实每个人在见到另一个人的时候，都会有第一印象。我站在这儿，我开口之前你们对我已经有第一印象了。有的人对第一印象是无意识的，但这些意识或认识是客观存在的，并在左右他后面的所有评判。如果你给人的第一印象好，别人就会往好的方面去理解你的意思，反之则会往不好的方面去理解你的话。

同学1：我的最大梦想是做导演，退而求其次是想做一个商人，最后实在没办法了就种地，真的，我真是这么想的。

唐捷：我的第一个感觉是，这个同学是一个有亲和力的人，因为他很放松，笑嘻嘻的，有亲和力首先就是一个很好的感觉。第二，我感觉他是一个对事情比较有把握的人。他想事情还是比较全面的，连最迫不得已就去种田他都已经想到了。我感觉，他是可以胜任导演这一行的，因为他说这句话的时候是有热情的，并不是随口一说，而是真正发自内心的喜欢。我能问一下你为什么喜欢导演这一行吗？

同学1：因为我从小喜欢看电影。看电影的时候，我喜欢猜导演会怎么切换下面的镜头，我很享受导演给我惊喜的感觉，讨厌导演的下一个镜头能够让我猜到。如果导演以不同的手法和思路处理下一个镜头，我会有惊喜的感觉，并佩服这个导演。

唐捷：这个答案验证了我的判断——他是用了脑子的。他看电影的时候也是在做智力游戏。这个游戏没有什么不好，但是光有智力游戏的电影并不一定是好电影。你是一个头脑清晰的人，这是你的强项，但是也有一定的弱势在里面。一个真正好的导演，其实真正打动人的并不是很炫的电影特技，也不是故事情节编排得多么好，而是情感能够真正打动人心。更多的人看电影是想要得到一些在现实生活中难以得到的温暖的感觉。我们每个人每时每刻都在用头脑思考，而看电影是我们最放松的休闲方式之一，只有像您这样的，看电影的时候，还在用脑想着下一个镜头。所以我相信，你做导演的话，可以做得很好，但在用心这方面还需要再修炼一下。

同学 2：老师好，我现在真的很紧张。我觉得最差的工作应该没有最低的底线，如果一个人真的没有什么事可做的话，他便可以做任何事情。比如说我今年寒假在超市当收银员，去了以后才发现，做收银员也不容易。我干了一天就犯了很多错，或者是漏刷，或者是把一个东西刷了两遍。我后来就去削甘蔗皮，但是把甘蔗削得很细，也被主管骂了。很多事情看起来简单，但是做起来不是那么容易。为了养活自己，我干什么都行。至于一般的工作，我想做一个骑着自行车上班的白领。

唐捷：你梦想的工作是什么呢？

同学 2：我的梦想本来就不在工作范畴内。我想等我工作一段时间，挣了钱以后，找一个安静的地方，和爸爸妈妈一起过平静的生活，这就是我的梦想。

唐捷：你确实很紧张。但我觉得你还是很有勇气的。从你的话里，我感觉到你比较大的问题是生存方面的恐惧。因为你说，为了养活自己干什么都行。希望每个人都有这样的信心：你一定会有机会去做你真心想做的事情。为什么呢？当你站在面试考官面前的时候，如果他感觉到你内心的那种热情，他一定会要你。其实这位同学的工作完全是养家糊口，并不觉得工作当中有乐趣。只有整天忙于工作的人才喜欢度假；没有工作的人每天都在休息，才会觉得工作是美好的。当一个人很快乐的时候，即使星期天不需要忙任何工作，他也会爬起来干点事情；只有很郁闷的人才会躺在床上。我有一个朋友，她丈夫是微软的设计师，收入很高，所以她就在家闲待着，整天病歪歪的，她跟我说工作的时候最美好。

一个人做一件事情是他内心的一种表达。如果你心里头有热情，你就需要做一些事情把这些热情表达和释放出来；如果你有创造力，你也需要做一些事情把这个创造力实现出来。工作其实是一种表达的方式，而不仅仅是一个养家糊口的工具。如果你在一个公司就是为了混每个月的工资，那么，公司要裁员的话，肯定第一个裁你。你把工作当成工具，工作也把你当工具；如果你把工作当成你的最爱，工作也会把你当成它的最爱。

同学3：老师您好，如果说一个很理想的梦想的职业，我还没有准确的答案，但是我想分享一下我比较矛盾的内心和进入大学以来心态转变的过程。

刚进入大学的时候，我是很典型的乖乖女，符合所有人定义的好学生，比如先进学生会做学生干部，后来入党。家长也希望我有一份安分、稳定的工作，比如考公务员，或者进银行。后来，我在北京参加了一个类似求职培训的项目，接触了很多500强企业的高层，像是经过了一次洗脑，当时就对大企业白领的工作很向往。再到后来，周围的同学也都参加各种比赛，为丰富自己的简历做一切自己可以做的事情，那段时间这种无形的压力一直压迫着我。我后来接触了一些NGO，在学校里和一些好朋友做团队，我们做一些实体项目，去年寒假又出国看了一趟，看到很多外国的同龄人，他们有很多的人生经历，他们在感受这个世界，在寻找自己要什么。这个时候我又动摇了，在做项目的过程中，我接触到了社会中以前我从未触及的角落，看到一些我可能无法想象、我们同学一般接触不到的人的生活状态，我现在特别希望看到外面的更广阔的世界，更多地接触那些贫苦、需要帮助的人。我想可能就是在这个过程中，我会更好地找到自己，找到自己存在的意义。将来在我老了之后，我可以对我的孩子说我曾经做过哪些很有意义的事情，而不是一味的名利场上的事。

我很快面临就业、择业、应聘，但目前还没有一个很好的职业定位。名企招聘那方面我也在争取，毕竟这是现实的一条路。我一直处于这样一个挣扎和矛盾的过程，所以特别想听听你们的建议。

唐捷：我感觉你是一个领导者。其实在你刚才讲的一些经历中，你已经在为成为领导者做准备，但是你现在面临一个障碍，就是你找不到自己，你找不着自己存在的意义。刚才你也提到，内心已经给了你一些暗示。我们每个人都要思考，作为一个人，什么样的事情是有意义的事情？这个问题，我想有这么三个层次。

第一个层次是体验。我们每天做很多事情，按照我们的定义来说是无意义的事。比如说你去电影院买票看电影，在黑暗里坐了两个小时又出来了，这个中间发生了什么？你没有挣钱而是花钱了，你也没有给这个世界增添任何东西。但是你做了一件事情——你在电影院里体验了别人的生活，这是我们去看电影的目的。小孩到动物园去玩，怎么进去怎么出来，大人还得花钱买票陪着他玩，这有意义吗？有意义，因为他体验了动物园的乐趣。所以，你如果在体验之外去找意义的话，这个起点和眼界太高了，其实体验本身就是一个意义。我们现在的社会把这个目标值设在一个很高很远的地方，你不要那样，不要这样，好好学习，然后找工作，找到工作之后挣钱，挣钱之后结婚生孩子……总有一个前面的意义在那儿等着你。虽然你已经觉得这些东西不是意义，但是你还是要活。你做的每一件事情都是一种体验。

第二个层次就是提升自己。许多人认为知识的积累就是学习，我觉得其实是把学习定义得太狭隘了。学习有很多内容和涵义：怎么做人，怎么去和别人相处，怎么去爱别人，怎么接受别人的爱……这些都是学习。这些内容，在学校里其实是应该打下一些基础的，但是我们现在的学校很少有这样的机会让你去学习这些东西。

最后一个层次就是帮助。当你学习了、你成长了，你自然想要做的事就是帮助别人。我从你刚才的话里感觉到一些东西，比如说看到了一些别人看不到的地方，这些其实是给你一个提醒：当你自我提升、自我发现、自我觉悟的时候，你存在的最大意义和价值是去帮助别人。

我想说你具有领导者的潜力，如果你从体验、成长和帮助这三个角度去看事情的话，人生的意义会不言而喻。

当快乐的人，做快乐的事

学生：唐老师，您能不能简短地讲一下您的经历及感受最深的东西?

唐捷:我的经历其实很简单:尽可能地上好的学校,学更多的东西,然后去做我想做的事情。在很长一段时间内,我想做的事情就是做科研,我做科研的目的是满足自己的好奇心,因为我觉得这个世界是很奇妙的一个存在。我之所以选择生物研究,是因为生物界有很多未知未解的东西,这让我觉得很有趣、很兴奋。我在读博士的时候,有一段时间,每当一个研究结果出来之前,我都会心跳加速,因为我渴盼它能验证或者推翻我的假设,这个过程让我得到很多的乐趣。我这四十多年一直是这样过来的。我想告诉大家,科学确实有它好玩的地方,但是真正解决一个人的问题,还是在心理方面。因为人的幸福指数和挣多少钱、穿什么衣服、住什么房子没有关系,而是跟你的心态有直接关系。我希望用我的感悟和知识帮助大家,对我来说,这件事情的成就感目前至少比做科研更高,也让我更喜欢。

我回到先做人还是先做事的问题上。很多人说,因为我做了这件事情,所以我成为这个人。其实不对,你应该是先成为这个人,你才能真正做出这件事情。道理可能有点深。朱老师和我整个的谈话里面,其实都是说的这件事情,就是你表现的怎么样不重要,你说什么不重要,你这个人站在那里才是最重要的。我能够给刚才那几位同学一些结论和评价,其实是感应到他这个人是什么样子,并不是因为他说的什么话,或者以前做的什么事。我不是说我的结论一定是对的。我之所以得出这样的结论,是因为这个人有很多特质,使我感应到,使我得出这样的结论。英文里有两个词,Being 和 Doing,前者是存在,后者是做事情。我希望大家先是一个快乐的人,然后再做快乐的事情。

坚守自己、发现自己

王红：我的一个朋友给我讲了一件事：我们现在都知道潜规则，一个女孩儿想上镜，晚上就敲导演的门，想要被潜规则。这个导演第二天给她爸爸打电话说，要管好你的女儿，照顾好她。你猜她爸爸说什么？“您别客气，按规矩来，按规矩来。”

我想说什么呢？社会并没有什么可怕，最可怕的是自己被内化。今天唐老师讲发现自己，朱卫彬讲坚守自己，他们俩讲的就是如何管理好自己的生命。

什么是坚守自己？坚守自己，绝对不是以自我为中心；坚守自己，用朱老师的话讲就是无条件的积极关注。当你没有无条件对别人积极关注的时候，你就是以自我为中心。如果把坚守自己和以自我为中心混淆的话，我们今天的这个讲座就是浪费了。大家要坚守自己，发现自己。坚守自己非常难，但是发现自己更难。

今天讲座的题目是“梦想花开的地方”，我想引用哈佛大学幸福学教授讲的那句话：“Happiness is not a destination, happiness is the journey .”对梦想来说也是这样的，梦想不是终点，梦想是一个旅程。在这个旅程当中，在梦想花开的路上我们要感受生命，阅读生命。回到当下，像唐老师讲的，把握当下，提升自己，最后我们才能够帮助别人。

（2011 年 3 月 23 日，“未来中国·领军人物大讲堂”走进南京审计学院）

旧时的梦想

麦肯锡公司资深项目总监 叶梅

我童年时心目中的英雄是一个孤苦潦倒的老人，因为我的第一个人生梦想是由这个老人传承于我。他叫吴宓，我叫他吴公公。

我那时大概10岁左右，父母仍然分居两地，有一两年中我和妈妈住在重庆的西南师院（现已成西南大学）游泳池对面那幢三层的破旧楼房里。我们住在三楼，左边隔壁便是吴公公吴宓，右边隔壁住着我的老娘娘刘尊一。我们各有两间小小的房间，每层楼有一个公共厕所，每家用一个马桶。记忆中的附属小学里仍有“批林批孔”和“打倒美帝国主义”的标语，常常没有老师上课。有两个很有天赋的男生，一个上台给大家讲《三国》和《水浒》（如今他在耶鲁大学教书做研究），一个上台独自表演《红色娘子军》，一会儿扮吴清华，一会儿演洪常清，一会儿当南霸天，惹得大家哈哈大笑（如今他成了部队里的高官）；记忆中那时没有糖吃，水果糖限量供应，一季度二两，每五天只有一粒糖，我因为有妈妈、老娘娘和吴公公的糖票捐助，每五天可以奢侈地有四粒糖（现在我明白了我的不可救药的“甜牙齿”、馋甜食从何而来）；记忆中妈妈努力想要我有个一技之长以避免长大后上山下乡，她让我跟一个体育系的女老师学习芭蕾（后来我才知道那是一个改行的体操教练），她的梦想是我能成为某军区部队文工团的小女兵，冬天可以有一件细腰身的呢大衣；记忆中妈妈常常不在，似乎是需要去农村劳动，家里常常停电需要点蜡烛，每周只能去学校的公共浴室洗一次澡。于是，老娘娘带我一道用一个大大的圆木盆洗头发洗身体，是她教我如何用有药味的肥皂、用廉价的凡士林、用软软的小毛巾护理自己的每一寸肌肤。我和她都有一头天然卷的头发，她教我如何梳理卷发并貌似不经意地留下一缕微卷的头发荡在一角。这个上世纪 20 年代便在北大参加革命、曾留学英国、抗战时做过歌乐山保育院院长的美丽的老娘娘，在 70 年代的一片灰黑色彩中为我启蒙了所有的爱美、爱整洁、爱自己身体的习性。吴公公，这个曾负盛名的学贯中西的大师，则主动提出教授我写毛笔字和读英文。

第一次见到吴公公我并不喜欢他。在我眼中他至少有一百岁（其实他那时也就七十几岁），胡子、眉毛、眼睫毛都很长而且是灰白色，尤其刺目的是，他成日穿一件灰不灰白不白的长衫。他便是我那时想象中的“孔老二”，我想象“孔老二”如我们批判他所说的如丧家犬般带着学生周游列国时就穿了那件破旧的长衫。他的房间我也不喜欢，他有两个马桶，一个真是马桶，一个竟然用做脸盆，还要我在里面洗手，说是写字前要把手洗干净。我也不喜欢他的气味，他和我讲话时凑得很近很近，那满是粗粗皱纹的干枯的皮肤几乎碰到我的刚刚洗得清清爽爽涂有凡士林的小脸，他用奇怪的口音叫我梅梅，一股医院腐败药水的气息从缺了好几颗门牙的口中扑面而来。他满房间摸索，急急地找着什么，终于找出一个黑乎乎的药瓶子。他使劲打开瓶盖，几乎是用力用得呲牙咧嘴地，然后又控控控地往手心里倒，倒出一块暗红色的东西。他拉过我的手，放在我手上，舒口气，很开心地说：梅梅，吃糖。我捏着一块硬梆梆的红糖，一下子喜欢上这个“孔老二”。那时我刚失去了视我如掌上明珠的外公，这个吴公公一声“梅梅，吃糖”，顿时便让我想起我的外公。

吴公公用钢笔墨水为我写毛笔字帖。他有很多旧报纸，自己常在旧报纸上写字。我自己带去老娘娘为我买的练习簿，纸张很好，他用苍老的手在上面轻轻地摸，很羡慕似的。他写得很专注，眼睛几乎贴在纸上，灰白的长眉毛在纸上扫来扫去。他写字读书时眼中总会泛出一股精光，那种专注的力量不由让我肃然起敬。他为我写的都是些简单的“床前明月光”之类的唐诗宋词，要我去临摹，然后他会把我写得好看的字用笔圈出来。有一次一页纸上几乎每个我写的字都被他圈了出来，我得意地把他写的和我写的并排放着，问他是不是我写得更好，他开心地哈哈笑，说了句什么青出于蓝之类的话。我是属于那种骄傲使人进步的人，倍受鼓舞，那是我平生唯一一次努力写毛笔字的几个月。当然多年后我的字仍然停留在 10 岁的水平，妈妈曾几次痛心地说过什么将来她如何去面对吴公公的话。

吴公公和老娘娘认真讨论过谁教我英文的问题，据说是各有利弊。从亲和力来说，肯定是老娘娘。但老娘娘认为她的英文是从韦氏音标而来，吴公公学的似乎是国际音标，更加标准。于是吴公公开始教我读英文字母，不料我们卡在 C 上良久。他把 C 读得几乎像“西”一般，我就是读不出。他拉着我的手，脸凑得很近，使劲示范：C！唾沫全飞在我的脸上。我转过头很不高兴，他却锲而不舍，继续唾沫乱飞地示范那个C。多年后我在美国特意请了教练纠正我的英文口音，教练要我读 She sells sea shells on the sea shore，我的问题居然就出在“Sea”上。我一下子想到吴公公，泪水夺眶而出，把那个温文尔雅的美国女老师吓坏了。那时我学英文显然不如写字顺利，我自然有些气馁。妈妈和老娘娘本来扬言要我把吴公公擅长的所有语言（至少有七八门）都学来的，如今才第一门语言、才第三个字母便卡住了还被喷了满脸唾沫。我颇反叛地提出不想学英文了，小下巴高高地仰起，瞪着他。吴公公有些无措，环顾房间，我心想不要说给我红糖了，就是变出上海奶糖我也不学了。他拉着我的手要我坐下，并凑近仔细打量我，仿佛我是他的一本书，他的眼中又泛出那股专注的精光。他轻轻地，甚至是神秘地，仿佛是在吐露给我一个神赐的秘诀一般：“梅梅，你要去美国读书。”

就是这句简单的话，铸成了我的第一个不知天高地厚的梦想：我要去美国读书。那时的中国还没有和美国建交，学校的课本里、大街上的标语里、广播中义正辞严的声音里到处充斥着“美帝国主义纸老虎”。那时的妈妈，最大的理想便是女儿可以进一家部队文工团，可以逃离上山下乡；那时的老娘娘，因为自己的“叛徒”身份，在一次批邓小平的大会上甚至不敢离开去厕所而尿了一裤子；那时的吴公公，腿被打折了，眼睛几乎瞎了，牙也没了，只有两件灰不灰白不白的长衫，只有一个马桶用做脸盆。就是这个吴公公，他会拉着一个没出息的连C都读不准的10岁女孩的小手，告诉她：“梅梅，你要去美国读书。”

吴公公后来走了，似乎是突然病倒了，没人照顾，从他的西安老家来了一个和蔼的中年女人，把他接走了，然后听说病逝在他的老家。我上中学后的一天，在家里吃晚饭时突然听到西师的大喇叭里传来为吴公公平反的声音，但吴公公没有等到这个消息早已走了。老娘娘是在自己和吴公公平反的那一年走的。他们照顾过、教授过的这个梅梅，心里装着他们传承的梦想和爱，果然在他们离世 10 年后去了美国读书。

那幢楼很多很多年前已被宣布为危楼，早说应该拆掉，但它神奇地一直稳稳地伫立在那里。听说有些曾经在那儿住过的其他人——吴公公和老娘娘的朋友们，都不愿搬走，仿佛是要陪伴曾经同患难的朋友。中美建交之后，那幢楼曾接待了很多美国来的贵客，因为被访者不愿搬家，学校无奈花了大力气为这幢楼做了不少包装和改建。旧楼前一直有一片茂密自然的小树林，从前我常常陪吴公公下来在树林里散步。因为有些小孩子天生势利，看见吴公公一瘸一拐的，就会朝他扔小石头，嘴里还不干不净的。妈妈怕我惹事，叫我带了吴公公在树林里走走，没人看见。现在有人在这个小树林里修了一个吴宓纪念花园，学校似乎还有一条所谓的吴宓路，给我一种物是人非的感觉。前不久我带了自己的两个女儿特意回到那里，在那幢楼前，给她们讲吴公公的故事和那个旧楼中酝酿的梦想。隐隐中，树林里，仿佛仍然可以看见那个身着长衫的老人。

从证书到梦想

北京风采网 CKO 首席知识官
美国 AICI 国际形象顾问协会台湾代表　李昀

原本这是一篇关于证书的文章，但细细品味，写的还是关于梦想。我的梦想起始得很早，但几经波折，还转了一个弯，最终在年过 30 后，成为我的生命基调。如今在梦想的国度里，前面还有更大更多的梦，正等着我一一实现，而我仍是秉持着一贯的不懈怠、不妥协、不放弃“三不”信念，迎向我的梦想。

《今日风采》杂志三月刊有一个关于考证的专题，在现今这可以说是个热门话题，就业的高度竞争，使得年轻人无不时时刻刻想再多弄个证照。

当主编提到要就这个主题采访我时，我当下有点发蒙，好像除了学历证书之外，不记得拿过其他证书。主编说就谈谈你有关形象顾问的证书。是啊，我有个证书，快 20 年了，差点忘了它，忘记的原因是取得这个证书并不是为了要证书，这是进入我梦想境地的入场券，应该说是一张说明书或一份教战守则更为恰当。多年后，在同样的领域我又取得一个相关证书，这一次则是为了要在国际间取得更多的交流机会与认可。这张证书都不知道被我塞到了哪个角落里，但却是改变我一生的关键。

我从小就爱画画，更喜欢设计，加上又超级爱美，考大学想报的第一志愿是服装设计，平面设计也不错。无奈在中国父母传统的士大夫观念下，像我这样学习成绩优异的孩子，注定得念个好大学，光耀门楣。我考上了台大，当时台湾没有所谓的好大学有任何设计科系，父母劝我把兴趣当做业余嗜好，于是我只好十分不情愿的进入台大图书馆学系。

一个天马行空的年轻灵魂，要如何才能驻足在枯燥乏味的图书分类编目上，实在不知道这些课怎么混过来的，在此真该向当年台大的老师们致歉。大学四年可想而知，在学业上乏善可陈，但成绩倒还不错，这是自身责任感所致，况且还想着出国留学，必须有好成绩才能申请到好学校。

但问题又来了，出国是要学什么，这下应该有机会重回我喜欢的领域了。可是又有人提出意见：重新回头念本科，岂不是浪费时间与金钱吗?！没错，就这样，我再一次与我的兴趣擦肩而过。到美国进了教育学院中一个相当实用的研究所——教学系统科技（Instructional Systems Technology），其中有个教学媒体制作的主修专业和我的兴趣还算接近，而且我所就读的印第安纳大学的这个学科当时在全美排名第一，我又一次陷入所谓名校迷思，放弃了自己的梦想。硕士班时期，我学了很多摄影、制图等和设计稍微相关的课程，这让我欣喜不已。我的成绩一如既往的优秀，于是顺利取得奖学金，继续攻读博士。

我此后的人生蓝图似乎即将确定：拿到博士学位，回台湾进入师范大学教书，成为一名教授，这正是父母心目中理想女儿的极致表现。但就在博士班的最后阶段，我那颗不安分的心仍旧没有停止躁动，一天上午醒来，想到我的人生就此拍板定案，不甘心哪！一点都不想一辈子穿着保守的职业装，日日月月年年，教着相同的课程，不！我不要做个大学教授！

我做了这一生最叛逆的决定：从博士班辍学！只为了替自己保留一个机会，追求自己人生梦想的机会，但在当时，我连这个梦想是什么都不太清楚，只知道当它到来的时候，我一定会认出它来。那年28岁的我，已经结婚，不顾父母的失望，任性地坚持做一回自己。

回台湾后，一不小心仍然当了大学老师，跨行教英文，父母勉强感到欣慰，但我知道这仅是暂时的安顿。在阅读中，一本关于个人色彩分析的翻译书，引起了我的强烈好奇，通过在美国的同学找到原文版，才知道这本名为《Color Me Beautiful》（色彩使我更美丽）的书，奇迹般地于20世纪80年代初期在美国创造了一个新行业——形象顾问。这本书最后一页中有一个小方块，里面写着："如果你有兴趣成为形象顾问，我们提供这样的专业培训，请与以下地址联系。"这几句话改变了我的一生。

二十几年前，还没有网络，世界比现在大很多，神秘很多，一切都是那么遥不可及，从我想了解的念头产生，到寄一封信飘洋过海，再等到接获回音，半年就过去了。美国的Color Me Beautiful（简称CMB）公司建议我去新加坡的授权培训师处受训，因为黄种人的肤色体型等都与白种人不同。我深有同感，于是开始计划我的崭新人生。

接下来又是一次不可避免的叛逆，我辞去了人人称羡的公立大学教职，到新加坡接受培训。此时的我已经是两个孩子的妈妈了，虽然早已成年，无需再向父母请示，但还是为再次让他们失望感到愧疚。最难受的是第一次离开孩子这么长的时间，大儿子那年才 5 岁，小儿子 3 岁，都还好小，心中真是万般不舍。

我在 1992 年 9 月取得了我的第一张专业证照，并了解了形象顾问在国外如何执业，经过一番准备，年底我的工作室开张了，我成为台湾第一位形象顾问。在当时真的没有人知道形象顾问是做什么的，很多人为我读了这么多书，却去做造型师（到现在与形象顾问仍在混淆中）感到惋惜。

为了让社会大众了解形象顾问这个行业，我积极地在报纸上写专栏，集结出书，到处去演讲，认真地替顾客做个人形象咨询，并检验我从国外学回来的形象理论，此外还大量阅读并潜心研究形象管理的理论模式。五年后，我终于发展出一套完整的形象管理知识体系，并受聘于台湾中山大学，在通识教育中心开了一门形象美学课程。这门课可以说是叫好又叫座，学生们都抢着选修，由于教学内容为国内首创，上课方式活泼生动，曾吸引许多媒体关注并竞相采访。这一教整整 11 年，直到 2008 年决定移居北京时才不得不结束。不经意地，在改行后，我仍是进入大学教书，看来这一生是注定要成为大学老师，也总算是不辜负父母的期望。

2000 年初，在积累了数百人次的实际咨询经验后，我将从 CMB 所学来的形象咨询，改良成为个人独创的新版形象咨询系统，自此时起，我终于有资格担任这个行业的培训师，正式开班授徒。将自己多年的研究心得与执业经验做一个传承并培育人才，是一件特别有意义且充满喜悦的事，而此时社会似乎也准备好迎接形象管理时代的来临，形象顾问终于有了比较大的市场。

我的另一个国际证照则来得很晚。1997 年开始，我参加了美国最专业最具规模的国际形象顾问协会 AICI（Association of Image Consultant International），并经常出国参加会议，与国际形象新知接轨。通过这个协会，我认识了来自全球各地的形象顾问。大家齐聚一堂，相互交换经验，分享心得，我也借此了解到各个国家形象行业的发展情况。

为了与协会有更紧密的交流，我在 2007 年考取了 AICI 的顾问认证，得到 FLC（一阶形象顾问）资格。很多人问我：你这么资深才取得一阶认证，会不会有点晚？我的答案很简单：证书并不等同于专业能力，更代表不了经验。近两三年，通过辅导，中国已经有七八十位形象顾问拿到 FLC 证书，说明大家在专业训练与知识上都能与国际同步，而在证书风行的社会，拥有一张国际证照还是具有一定说服力的。目前我正在积极申请 AICI 更高阶的 CIP（专业会员）认证，相信不久即可取得。

2008 年我移居内地，并将工作重心转移至此，目的是要将最先进的形象管理知识传递给更多的同胞，希望在经济起飞的同时，我们的国民美学素养也能迅速提升，人人都做到内外兼备。引领着新时代的中国人优雅地迈入国际社会，正是我下一阶段的梦想。

两张专业证书帮助我实现了我的梦想。如果没有第一张证书，我无法进入形象顾问这个行业，有效地开展新业务；如果没有第二张证书，我无法在国际组织间获得普遍的认同，并协助这个行业在中国的发展。但退一步说，如果当自己还不清楚梦在哪里时，我懈怠了，妥协了，放弃了，就没有今天的一切。

谢天谢地，我没有懈怠，一直认真求学，厚积实力，让自己成为有能力整合知识的人；我没有妥协，总是在关键时刻刹车，一再从他人眼中的舒适区出走，迎向未知；我没有放弃，不断追寻，相信梦想就在前方不远处，总会在某个时刻向我眨眼。

不懈怠，不妥协，不放弃，仅以此“三不”送给所有筑梦的人。

我的中国梦想

微软公司全球资深副总裁　张亚勤

北京城的空气里充满了奥运的味道。出租车顶迎风招展的五星红旗，马路两边漂亮的景观花坛，地铁站里总是带着友善微笑的奥运志愿者……这一切都在提醒着我们，中国人期盼已久的奥运会已是近在眼前。

明天，我将作为奥运火炬手，亲身参与圣火的传递。

我还记得 1996 年亚特兰大奥运会上王军霞身披五星红旗绕场奔跑的情景——那时我还在位于新泽西州普林斯顿的桑纳福多媒体实验室工作。看着电视里舞动的红旗、雀跃的观众，我一时百感交集。这是中国运动员首次在奥运会上获得长跑金牌。王军霞身上展现出新时代的中国人身上那些最优秀的特质：自信、勇气、坚忍、不屈不挠……

2001 年——这一年的 7 月 13 日无疑是我们中国人的节日。至今我仍清晰记得当天的情景——在燕莎的普拉纳酒吧，我和朋友们一起等待着最后结果的揭晓。晚上 10 点多，当萨马兰奇向全世界宣布北京赢得 2008 夏季奥运会主办权时，整个酒吧沸腾了。中国人、外国人，相识的人、不相识的人，都起立欢呼、相互拥抱，我身边是澳大利亚使馆的工作人员，他们也十分激动地向周围的中国人表示祝贺。

在那个时刻，小小的酒吧好像已难以容纳人们四溢的欢乐，大家都冲到街上。来自四面八方的人流汇聚在一起，涌向长安街，涌向天安门——原本疏阔空旷的天安门广场早已被密集的人潮填满。夜空里烟花怒放，到处都是灯影和掌声……直到凌晨3点，我才回到家，但却因难以遏制的激动而辗转无眠。我索性坐在电脑旁，给史蒂夫·鲍尔默写了封邮件，谈到我在这个沸腾的夜晚所体验到的强烈且美妙的情绪，谈到奥运会及其背后深层次的国际化因素可能会给北京乃至中国的经济和科技带来怎样的改变。

史蒂夫立刻回了一封充满激情的邮件。他说，得知北京成功获得2008年夏季奥运会的主办权，他和我、和数以千计的微软中国员工、和近13亿中国人一样，感到“无比的激动”，“事实证明了中国是一个了不起的国家”。他说：“我很高兴奥运会能在中国举办。我还想指出，奥运精神其实和微软公司的价值观一脉相承——我们都鼓励个人放手追求极致成就，但同时我们也高度看重团队的力量，相信价值会因有效的合作而倍增。我们都追求不断超越自我、挑战极限、探索未知。我相信北京奥运会一定能取得成功!”

而今，我荣幸地加入了奥运火炬手的行列。作为一名科技工作者，我也有着自己的“奥运目标”和“中国梦想”。

奥运精神不止存在于体育界。正如史蒂夫·鲍尔默所说，半个多世纪以来，IT 产业的飞速发展正是基于无数先行者对于“卓越”和“再超越”的不懈追求——矢志创新，持续向更快、更高、更强的目标发起挑战，这是包括微软在内的 IT 产业参与者之所以能用短短的数十年改变全球亿万用户工作和生活方式的关键所在。

中国所要面对的，也不仅是体育竞技的奥运。改革开放 30 年，中国发生了翻天覆地的变化。作为制造大国，今天的中国越来越重视科技创新，并努力向“‘智’造强国”转型。

上个世纪 80 年代，当我从科大毕业的时候，中国的大门已经向世界打开，莘莘学子走出国门，去汲取新的知识和技能，期望着有一天能学以致用，帮助自己的国家走向振兴。2003 年，当我有机会在北京向基辛格博士介绍微软亚洲研究院的研发团队时，他惊奇地发现每个人都有着相似的经历——在中国大陆成长；在中国大学里获得学位，然后赴海外深造；最后回到中国工作。当时基辛格自豪地表示：“这也有我的一份功劳，中美建交是中国对世界敞开大门的起点。”他认为，微软在中国设立研究机构，为中美间的科技交流做出了重要的贡献。

我的一个梦想是，中国也能成为全球科技奥运的冠军和领袖之一。带着这个梦想，我将把手中的火炬传承下去。

童梦京华

万科集团执行副总裁、北京万科总经理　毛大庆

下午外出正口渴时，看见一个放学的孩子把半瓶没有喝完的饮料扔进垃圾桶……看着小孩扔进垃圾桶的饮料，我突然想起了我们那时的美味——北冰洋汽水。那可是一滴都不舍得浪费呢。

上世纪60~70年代，直至80年代早期的北京，一统天下的消暑饮料是本地的北冰洋汽水。据记载，1988年是北冰洋汽水的巅峰，卖汽水产值破亿。90年代北冰洋销声匿迹，直至1994年北冰洋被百事可乐收购，于是，它和它代表的一大批上世纪60~80年代辉煌一时的经典国货逐渐消失在人们的记忆中。

记得二三十年前的炎炎夏季，北京人最大的享受之一，就是在睡足午觉后，换上一瓶冰镇的“北冰洋”，“咚咚咚”几口灌下去，任由二氧化碳从喉咙不断涌出，在打嗝儿中回味淡淡的橘子香味，这样的情景已经早就消失了。

在我童年的记忆里，现在无数新品种的饮料永远无法达到北冰洋汽水当年在我们生活中的地位，百事可乐以及可口可乐在现在也不过是两足鼎立，而在那个年代孩子们唯一承认最好喝的饮

料只有北冰洋。可以随便去问一个在北京长大的1980年以前出生的孩子，在他们的童年里，陪伴他们长大的汽水是什么？唯一答案只有：北冰洋。

“北冰洋”就是那种黄色的橘子味道的汽水，装在透明的玻璃瓶子里，味道有点像现在的美年达，但没有那么甜，上面是铁皮压盖，瓶子上会有突起的“北冰洋”几个字，那是最原始的包装。因为实在是我太小时候的记忆了，所以我真的记不清那上面的字具体是怎么写的了。后来的包装就是白底红字上面写有北冰洋，好像还有一只北极熊，但我始终认为换了包装以后的北冰洋没有原来的那种好喝，并且因为瓶子的外形改变了，总觉得比以前的少了好多。

除了妈妈单位发的那种浓缩橘子汁，我小时候最喜欢的饮料就是北冰洋汽水了。那时候去买北冰洋汽水都得拿着空瓶去换，我记得大概是两毛五一瓶，每次妈妈给我五毛钱，说你去换两瓶汽水喝吧，我就会高兴地去厨房掏出尘封了一个冬天、落满土的空瓶子去小卖部换汽水。我最喜欢那种冻得有一点冰茬的，喝起来又解渴又好喝。

那时，由于没有冰箱、冰柜一类的设备，小卖部、合作社一般都会用一个大桶盛满了凉水，偶尔商家还会往桶里扔进一两块冰，将汽水放进去泡着，这就是北京人所说的“镇”。汽水卖得特别快，往往是一桶还没泡凉就已经被顾客买走了。一些地方比较宽裕的小卖部就在门口用水泥砌起了一个大池子用来泡汽水，基本上一两箱的“北冰洋”放进去都没什么问题。再到后来，可能是嫌用水“镇”的效果不太突出，市面上开始出现了用“冰镇”给汽水降温的方式，就是把汽水搁在一大块冰上面。整块的冰上有许多半圆型的槽，一瓶瓶的汽水放在槽里刚刚好，让人看着就觉得这汽水肯定够冰，喝起来也肯定解渴。记得小时候，无论走在大街还是小巷，只要是看见门口摆着一块1米见方、30厘米到50厘米厚的大冰坨子，不用问，准是卖北冰洋汽水的。一般冰面上会凿出一个个的小凹槽，汽水、啤酒就好像不守规矩的幼儿园小朋友，高低错落着排成了一排。小卖部的老板守着大冰块，一边与街坊邻居谈笑，一边不时地用手翻转着饮料瓶子，让它们“均匀受凉”，偶尔还会往上面浇一些水。

遇到有人过来掏钱光顾，老板非常爽快地拿过瓶起子，利落地一撬，对于瓶盖的去向却丝毫没有关心的意思。就在同时，“嗞”的一阵响，汽水就如同开了锅一般，迅速往上冒着一排排的泡泡，一股袅袅婷婷的白气顺势从瓶口冒出。瓶盖则翻滚着在地上快速地舞动着，然后又马上平静。不到晚上打烊关门，小卖部老板是绝对不会打扫这些瓶盖的。一瓶北冰洋见底，顾客交回瓶子，拿上押金，同时伴随着几个响亮的嗝儿，甚至“放气”现象，心满意足地扬长而去。时间一年一年地过去，小卖部门口一摞摞的印有“北冰洋”字样的塑料汽水箱子以及或用硬纸箱子或用木质三合板做成的写有“冰镇北冰洋汽水”的大招牌，伴随了几代人的成长。

上世纪五六十年代，当时国内的经济刚刚开始复苏，大家的生活质量正在逐步地提高，很多人已经不再仅仅满足于简单的温饱了。但是同时，消费市场还处于起步阶段，商品供应的缺失实际上并不能满足老百姓的生活需要。北冰洋食品公司的一系列产品恰好满足了北京市民对于冷饮方面的新的要求，特别是北冰洋汽水，一上市就受到了北京市民的喜爱。一毛钱的汽水，对于一个月收入可能只有二十几元的家庭来说，也算是不大不小的“奢侈品”了。但是每到夏日，一瓶冰镇的北冰洋汽水，不但对于孩子具有强大的吸引力，就是对成年人也是一种挡不住的诱惑。

写了这么多，好想再去买一瓶北冰洋喝喝啊，最好是冻出冰茬的那种，还有充满奶油味道的淡黄色的双把儿，但是现在想买到它们已经是很难实现的事情了。品牌的逐步发展使我们得到了好多也失去了好多，儿时记忆的甜蜜和物质窘迫的酸涩使那个年代永远停留在了我的童年时光。

城市越来越现代化，房地产开发消灭掉了那一个个小卖部，大冰砣冰镇的场面以后恐怕只能从电影里看见了，然而，盛夏的暑假的下午和小朋友空瓶换汽水的年代永远不会从我的记忆里消失，记忆中北冰洋这样的品牌也永远不会消失，至少它们陪我走过了充满幻想、乐趣的童年。我也明白了，稀有才会珍贵，我会把这段时光永远珍藏在我曾经遗失的记忆中。

Ⅱ　先成长后成功

人生像爬山，如果你走在平地上，一辈子不用花力气，但看到的风景都是一样的。

成长的空间

新东方创始人、新东方教育集团董事长 俞敏洪

今天的题目是“成长的空间”。我想从如何做人、选择、成长、成功、学习、工作等几个方面和大家共同分享。

心灵需要不断成长

张家界有一座天子山，这座山有两个有名的地方：第一个是一个山洞，曾经有战斗机表演飞穿过那个山洞；第二个是上山的路。天子山的坡度接近 50 度，原则上好像不可能上得去，但是修了一条世界闻名的路，是全世界拐弯最多、最陡的一条路，可以把中巴和中巴以下的小车全部送到山顶。人的成长也是这样的，是一个曲折但不断升高的过程，成长的道路从来不是笔直的，也不是一帆风顺的。懂得根据地形灵活上山的人，就一定能够到达顶峰；那些特别倔强、特别固执、做事情一根筋、遇到事情不知道合理让步的人，就不太容易成长。

我在演讲的时候讲过一句话，叫做“请成长起来，不要让自

己只是变老而已”。变老是一个自然的过程，睡觉或不睡觉你都在变老，做事或不做事你也在变老，变老是一个不可阻挡的过程。但是，成长是一个人在心理上变化的过程。长大是一种自然属性，成长是心灵属性。你可以马上决定这一辈子不成长了，也可以决定从现在开始加速成长。所以，通常我们说一个人成长的时候，是说这个人思想变得丰富，心灵变得充实，能力不断增加，经验更加丰富，意志更加坚强，个性更加圆润等等，没有一个是说你身体更加健康的。当然身体更加健康也很重要，因为身体和心灵是有关联的，一个健康的身体一定会带来一个相对比较健康的心灵。

我的身体一直还是比较不错的，但是几年前腰椎间盘突出，导致我自己最喜欢的运动不能去做。我最喜欢骑马，冬天最喜欢滑雪，这都是让我个性飞扬的运动，但最后都不能去做，并直接导致了我的情绪受到影响。两个月前我感觉胃不舒服，去医院做了一个胃镜，医生告诉我，是慢性萎缩性胃炎加上中度糜烂。这就是我过去这么多年一直喝酒、吃饭不规律带来的结果。所以现在我已经开始比较注重身体健康了，因为身体健康了，你才会有成长的机会。

身体很重要，但是更重要的是心灵的成长。在保持身体健康的情况之下，我们怎么样让思想变得丰富，心灵变得诚实，能力不断增加呢？成长跟财富没有必然联系。那些拥有财富的人，不一定拥有智慧、创造力、仁慈之心。仁慈心不断增加，与人为善的能力不断增加，都可以让我们成长。非常有幸的是，我认为自己拥有那么一点点常识，也拥有那么一点点创造力，我觉得自己还拥有不错的仁慈心，我觉得如果这些东西能和财富结合起来，就能够为社会多做贡献。如果没有这些东西，财富越多，地位越高，对社会的危害可能会越严重。我希望自己也能够不断成长，未来能够做得更好。

昨天我跟新东方高管说了一些真心话：我原以为人生出来是追求幸福的，因此追求幸福成为我的人生目标。但后来发现人生其实是来迎接痛苦的，在我们能够心平气和地接受痛苦后，人生才会有新的希望，幸福也才会如期而至。新东方十几年前的校训叫做“从绝望中寻找希望，人生终将辉煌”，原因是我们每天生活在烦恼、挫折、苦闷甚至绝望中，但我们依然生活着，因为我们相信未来还有幸福的希望，未来还有让我们开心的日子。这种幸福、开心的日子也许是很短的，但是它们毕竟是我们生命的希望。我们在座的每一个人今天坐在这里，是全国新东方的优秀代表，感到的是一种荣耀，但这份荣耀是你在学校、在公司没日没夜干出来的，那种没日没夜地工作就是一种痛苦。尽管我们可以把工作当做快乐，但是必定要付出体力和脑力上的痛苦。令人欣慰的是，这种痛苦是有回报的，大家今天聚在一起，开心相聚，这就是回报之一。

先成长后成功

关于成长，下面的几个要素是比较重要的。

第一点，目标和梦想是成长的一个核心要素，因为一个人只有有了目标和梦想才会成长。目标和梦想可以是很小的，因为很小的目标和梦想也可能触动你从地底下钻出来长成大树的可能性。如果你今天都不知道明天要干什么，你怎么成长呢？目标和梦想不正确也不行，比如你计划自己吸毒，这就是不可以的，因为这不是成长的道路，而是毁灭的道路。

第二点，勤奋学习和努力工作是成长的必经之路。大家知道，一颗种子埋在沙漠里是不可能长出来的，因为没有水分。但一颗种子埋在地下是有可能长出来的，为什么能长出来？因为有雨露、空气和适合的环境。如果目标和梦想是种子的话，目标和梦想成功的环境是什么呢？就是勤奋学习和努力工作，除此之外没有它路。大家都认为爱迪生是个天才，连他都说我的成功99%是努力，1%是天分。像我们这样连1%天分都没有的人，岂不是要付出100%的努力吗？所以，除了勤奋学习和努力工作，没有别的路径走向成长和成功。

勤奋学习在你工作之外也在你工作之内。工作之外的读书，工作之外的交往，工作之外的研究，都是勤奋学习；工作之内向同事学习，通过工作积累自己的经验，让自己的无形资产不断增值，这也是勤奋学习。努力工作毫无疑问是你获得成长的重要路径。

再下来是要不断阅读，跟勤奋学习是一样的概念。不断阅读才能形成独立思考，才会有自己的思想，否则你的思想永远是周围人的思想，也就意味着你永远超不过你周围的人。超不过周围的人，你就永远不会有机会。我觉得这一点对于我们非常重要。我非常庆幸我在北大不断地阅读，不断地学会独立思考。我来到新东方依然在不断阅读，也在努力思考。

第三点，有征服的勇气和愉悦的心情。这两个东西是营养和氧气，因为你到达一个目标的时候会遇到困难、遇到孤独、遭到误解，你会遇到别人对你的阻挡。最典型的就是孟子所说的，“天将降大任于斯人也，必先苦其心志，劳其筋骨”。我们这些人都是普通人，普通人要想成为有成就的人，需要有足够的勇气面对困难和挫折，要把每一次困难和挫折当做是磨炼自己的机会，最后把征服困难的勇气变成一种习惯，能够以愉悦的心情对待困境。如果能够达到这种境界，不怕未来没有成功出现。

第四点，正确的信念或者信仰。信念是内在的，信仰是外在的。比如你觉得人生悲苦，没有依靠，佛教会告诉你人生的苦是正常的，你善待别人，下辈子你就不苦了。这样你就有了一个信仰。不管信仰佛教、基督教、伊斯兰教，只要不极端化，宗教信仰对人对社会都是好事。但有些人是不信宗教的，那用什么来作为支撑内心的力量呢？那就是信念。信念是来自个人内心的一种东西，比如你坚决相信人性是善的，世界上好人一定多过坏人，那就是一种信念；你相信百折不挠，最终一定能够成功，那也是一种信念。一个人如果既没有信仰也没有信念，就会变得非常脆弱，很容易灰心丧气。

第五点，要有正直的人品。所谓正直的人品，就是一个人要有良知和良心，能够分辨出是非，并且能够做正确的事情。一个人犯错误是可以的，没有人不犯错误。有的时候人犯错误是不由自己控制的。比如喝酒之前很理性，喝完酒之后可能会很不理性；没有情绪的时候很理性，情绪失控了就很不理性，就可能会犯错误。所以说，错误是可以犯的，关键是你要意识到犯了错误，并且愿意改正错误，我觉得这就是正直人品的体现。人的一生最重要的是认识自己的短板，而不是自己的长处。因为长处已经变成了你的正面，只有你的短板才可能变成你成长的最大障碍。

下面我们再来谈一下成功这个概念。成功其实是很简单的事情，完成一个既定目标就是成功。完成既定目标很简单，比如你今天想吃一碗兰州拉面，走了5公里，终于找到一家兰州拉面店，最后把兰州拉面吃下去了，这就叫成功。成功并不是一件复杂的事情，但是成功的社会定义是很世俗的。有些人觉得嫁个好老公就是成功，或者成为国家公务员、国家干部就是成功，所以好多人都争着做公务员，还有人认为有钱有名就是成功。我觉得真正的成功，从更高级的定义说，应该是经过艰苦卓绝的努力把一件事情做好，并且这件事情对自己对社会都有利。从这个意义上来说，新东方是成功的，因为我们通过艰苦卓绝的努力把事情做好了，最后对社会也有利。

前两天我在读史铁生的书。大家知道，史铁生上山下乡，最后下身瘫痪，一辈子在轮椅上度过，但是写出了无数本大家喜欢读的书，从《我的遥远的清平湾》到《史铁生散文》，他经过了艰苦卓绝的努力。你可以从一个残疾人身上发现我们正常人都不可能拥有的精神和状态，所以他的去世引起了全中国有思想、有情感、有心灵的人的悲伤。

做人要懂得满足

“做人像水，做事像山”，是说做事要挺拔，做人要委婉，把态度放低。我们常常发现有些人做事像水，没有方向，一塌糊涂；做人却像山，挺拔昂立，绝不让步，完全是相反的状态。做人可以谦卑，但是人格必须高尚；生活可以穷困，但是志向必须远大。同时千万不要伤害别人，不能踩着别人的肩膀往上走。比如说如果我们在座的人是因为把你手下踩了，把他们的功劳集中到你身上，最后你来领奖了，这就叫踩着别人的肩膀往上走，你就不是一个合格的管理者。

同时，做人要懂得满足。欲望可以有，但是不要没有尽头。现在这么多人变成房奴、车奴，不仅仅是因为房价上涨，还有一部分原因是现在的年轻人比我们当初年轻的时候心气更大，一上来欲望就很高，然后就会很痛苦。我不是说大家不要房不要车，而是要有更多的耐心去努力。

宁可让生命丰富，也不要被物质所连累。我也住过地下室，我也租过农民的房子，我也有过买不起一顿饭的时候。现在我已经有足够的资本跟大家说：你生活中拥有的名声、财富、社会地位跟你的幸福快乐并没有太多的关系，在我贫困的时候，我的幸福指数和快乐指数比现在高得多。当然，如果你一点儿钱都没有，天天在马路上要饭，那也不会有幸福的。但是，幸福指数并不是你有钱就有的。我读了小鹏的《背包十年》以后就特别痛苦，人家没有钱，却走遍了全世界。全世界的许多杂志都邀请他，全世界的许多旅游局都邀请他，只要他的照片、文章一出，当地的旅行人数就增加好多。我的文笔不比他差，如果我要搞摄影的话，也不一定会比他差。我从小就有周游世界的梦想，但到今天也没有实现，我现在还在“受苦”，所以，跟他比我发现，我的人生还不如他。当然，每个人都有自己的道路，我也相信我做的事情从社会意义上来说，不会比他的《背包十年》差。

自私不可以侵犯别人的利益

人天生就是自私的，所以自私是正常现象。但一个人的自私不可以以侵犯别人的利益为前提，就像一个人的自由不可以以践踏别人的自由为前提一样。这个世界上是没有人没有私心的。有私心的人有两种表现方式，这两种表现方式就是于丹说的一句话："世界上1%的人吃小亏占大便宜，而99%的人占小便宜吃大亏，大部分的人都是那99%。"什么叫吃小亏占大便宜？就是眼前的亏你们能忍受得住，你们未来的收获就会越多。看着眼前的东西不顾不让，结果只有一个——你不会再有其他机会。

我举一个实实在在的例子。在我当初创业的时候，有一个老师的能力非常不错。有一次，另外一个老师病了，我让他去代课，他不去，说没有时间。没有办法，我说给你两倍工资，把这个课上了。结果，拿着两倍工资他去上课了。尽管我依然很感激他，但从此我还是对这个人"另眼相看"了。原因很简单：在人危难的时候是不能落井下石的。如果你真没时间，我给你十倍的钱你也是没时间。你如果说，俞老师，紧急情况下，你工资都不用给我，我把这个事情办了。那结果就会完全不一样。大家要明白这个道理，你要为自己的未来成长留下空间，在别人的心里留下自己的位置。

工作就是推销自己

工作首先是为自己工作，不是为老板工作，通过工作获得资源、资格和资历，再用这些积累去换取更好的工作。工作也是为了乐趣，工作本身是一种乐趣，工作当中是要得到乐趣的。当然，过度工作、过度有压力地工作，超出能力范围而做不了的工作你还想做，那就不可取。比如你是一个专业技术人员，你非要做管理人员，最后你的能力没有用在刀刃上，就会造成痛苦。最重要的工作乐趣就是你所做的工作正是你喜欢干的。

工作也是耐心的体现。就算你是千里马，也要给别人留下足够的时间，让伯乐发现你，这是心态问题，要有足够的耐心和持之以恒的决心。同时，工作也是一种自我推销，只要你露面就是自我推销，你的推销成功与否，直接涉及到你的未来。

前几天，中国企业家俱乐部来新东方访问。中国企业家俱乐部是中国著名企业家的聚会，马云和我都在里面。我在这些企业家中是非常低调的，他们都认为我是一个老师，认为新东方只是一个学校，竟然也上市了。前两天，俱乐部的成员们参观了新东方大厦，我跟他们做了两个半小时的交流，讲了新东方的情况和我的心态。所有的企业家都觉得新东方是他们到目前为止访问过的 17 家企业中最好的一家，说新东方“真诚的展示，不掩饰自己的缺点，对社会又有利，所有的员工和团队的配合十分默契”。这就是自我推销，就是新东方团队在这些企业家中的自我推销，也让企业家对新东方彻底改变了印象。原来他们认为新东方只是一个教育培训机构，现在他们发现新东方是一个有理想、有理念、有梦想、真诚的教育培训机构。

人生之路由自己选择

你的出生不是你的选择。你根本不知道自己会出生在山区那些偏远的地方还是北京这样的大城市，你也不知道是出生在官宦之家还是贫贱之家，这都是老天的选择。但是有一点，你的归宿是你自己的选择。按照传统说法，老天是根据你自己选择的归宿，再选择下辈子给你放到什么地方去。如果你这辈子做了太多坏事，下辈子让你当牛做马；如果你这辈子做了太多好事，下辈子就变成菩萨。

我相信没有下辈子，我始终相信今生今世就是老天给我们最好的天堂。这个天堂里有痛苦，也有快乐；有无奈，也有希望。这就是我们的世界。

这辈子能走多远，我们不靠天、不靠地，靠的是我们自己。

仰望星空与脚踏实地

SOHO 中国有限公司董事长　潘石屹

小时候在家乡的小山沟里我常想 3 个问题：火车穿过山洞后的世界是什么样的？南山里是不是有神仙？上天有没有眼睛看到我们？

在山上干活休息时，我总望着消失在山洞的火车发呆，山洞那边的世界到底是什么样的？从地图上知道山洞的那边有陕西、河南、北京，还有天安门——村里在打谷场上放电影，电影里有一个镜头，许多人在天安门广场一边哭，一边喊着毛主席万岁。我知道了北京有个天安门，很遥远很神圣。关于山洞外的世界，总有各种想象在我脑子里闪现，不，不是在脑子里，这些画面好像飞出身体，飞到山洞外面的那个世界，跟我的这个完全不一样……但想完又要脚踏实地地干活了，农活很累，山很高也很陡，背上的高粱秆、玉米秆、羊粪很重。

村子的南边是更大的山，麦积山、仙人崖等等，山里有许多著名的寺院。不同季节时看南山的颜色是不一样的，我尤其喜欢雨后天晴的南山，是深蓝色的。天晴时在山坡上放牛，可以隐约看到麦积山的山形，可惜我在老家时没有去过麦积山。村里的人在4 月 28 号去朝拜回来后，会讲许多关于佛和神的故事。我一直好奇地想南山有没有神仙呢？放牛的时候是最寂寞的，没有人，没有同伴，牛慢吞吞地有节奏地吃草，更增添了心里的寂寞。看到一只鸟、一只蝴蝶飞过，一只马蜂飞到花上采蜜，都会兴奋好一阵子。如果能遇上一条蛇从草丛中穿过，更能兴奋好久，会成为回家吃饭时与家人聊天的重要谈资。

冬天，村里年轻人做一项游戏，也是体育活动。用一根长木棍把一小节木棍往远里打，算是一种比赛。这种游戏的名字，普通话我不知道如何说，方言我不知道如何写。这根长木棍比我还高，我试着用这根木棍够天，没有够得着，我想木棍再长一些也许能够着天空。但天到底是什么？为什么村上的人发生了悲痛事后，都在喊它，都在哭着喊老天爷。

村子里没有电，也没有电灯，到了晚上一片漆黑，奶奶或妈妈总是陪着我，一起数星星。后来才知道，这就是仰望星空。那时我总把每颗星星都拟人化，心想，我看着它，它也一定看着我。夏天夜晚有蚊虫干扰，在仰望星空时边上会用麦秸秆生一堆火，不要火苗，只要烟，烟能驱赶蚊虫。我一边数着星星，一边嗅着湿麦秆闷出的烟味，多少个夜晚就着这些味道进入了梦乡。

走出小山村时，很遗憾的是我没有从每天好奇的火车钻出洞的那一边走出来，而是从相反方向——从更向西的兰州走出了我生长的村子，后来来到了北京，来到了小时候从电影里看到的、许多人在哭的天安门广场。但小时候的那 3 个问题，一直没有忘记。我相信，天外有天，有我们不知道的万千世界；我相信，山的那边住着神仙，他会给卑微者荣耀，给贫穷者富裕；我相信，老天爷长着公正的眼睛注视着每一个人；我相信，“种瓜得瓜，种豆得豆”，“善有善报，恶有恶报”；我相信，赋予我们智慧力量的存在，并在永远护佑着我们，它是神，是天，是老天爷。

我们在脚踏实地行走的时候，时时仰望星空，它会让我们的脚步更宽广，让我们的行走更有力，同时也让我们懂得虚心、敬畏和节制。

成长：你唯一的把握

阳光文化基金会董事局主席 杨澜

个人的成长需要寻找三个坐标

什么是个人的成长？做了母亲以后，我对成长有了更新的认识。有一次，我女儿幼儿园的老师给孩子们出了一道题让他们来回答："如果世界上只有一种颜色……"有的小朋友说："如果只有一种颜色，就不可能有彩虹了。"有的小朋友说："我最喜欢粉红色，如果只有一种颜色，我希望是粉红色。"我注意到我女儿的回答，她对老师说："如果只有一种颜色，那么连白天和黑夜都没有了。"所以，我觉得一个孩子的成长，就是他对外部世界的不断探索和认知的过程。

那么对于一个成年人来讲，什么是一个人的成长？以前的儒家思想要求人成长的轨迹是：修身、齐家、治国、平天下。而哲学家罗素则认为，人的成长要遇到三个方面的矛盾：一是人与自然环境的矛盾；二是人与社会，也就是人与人的矛盾；三是人与自己的矛盾。我觉得，人的成长过程实际上就是不断地寻找自己人生坐标的过程。人从小到大，视野不断开阔、知识不断丰富、经验不断积累，从而越来越深刻地认识自己，同时也在认识周围世界，我想这大概就是人的成长过程了。人的成长路径不同，人生追求也千差万别。无论成功与否，人的最终归宿大致是相同的，而区别就在于每个人所走过的道路不同。每个人对自己人生的了解程度和自己内心的真实体验是不可复制的。人的成长就是要不断地突破自己的小环境，而进入一个更广阔世界的过程。这种突破，不仅要突破物理空间的界限，也要突破心灵空间的界限。

然而，对于个人的成长，什么是最重要的呢？每个人可能侧重不同，而我今天还是想就这三个方面来谈：人与外部世界、人与人、人与自己。我觉得对于人的成长，要是寻找坐标的话，应该从三个方面考虑：一是时代的坐标；二是与别人比较，你的比较优势是什么；三是自己内心的坐标。

寻找时代的坐标

我认为这个时代有三个特点。

第一点，世界变得越来越扁平化了。

托马斯·弗里德曼写了一本书，名字是《World Is Flat》（世界是平的）。书中讲了三次全球化浪潮：第一次是哥伦布发现新大陆，是以国家为单位的全球化扩张时期，在全球范围内摄取生产资料和市场；第二次是从美国经济大萧条、一战和二战开始，是以跨国公司为单位的全球化扩张时期，也是为了获取生产资料和市场；第三次是随着互联网技术的应用，以个人为单位开始进行全球性伸展的时代。比如说，你学的可能是很冷僻的印度梵文，却能在德国找到知音，并通过互联网结成网上的社区。还比如，过去美国中学生的足球比赛，大众传媒是不可能转播的，而现在通过网上 IPTV 就可以转播。通过互联网，能使几百万人同时观看这一比赛。你可以在全球范围内摄取你需要的信息和服务。这是一个给予个人很多权利、赋予个人更多能力的时代。我采访过 eBay 的总裁惠特曼，她被评为世界上最有权力的女性。因为 eBay 主导了大量的网上交易。我当时问她：对于这一称谓，您是否感到开心？您是怎样理解权力的？她说：实际上，权力给人的印象一直不太好，权力被认为是控制别人的一种力量。但是她认为：在新的网络时代，权力不再意味着控制。因为 eBay 不可能控制网上的交易者。她的权力是体现在能够帮助许多人成功。比如说帮助一些身体有残疾、不能正常工作的人，在自己的家里开一个小店，通过网上交易，实现正常的收入，过上比较富裕的生活。所以在网络时代，并不是说，让你干什么或不让你干什么，而是能帮你干什么，这可能是与以往世界有很大不同的一点。

第二点，需要想象力和创新的时代。

过去我们谈到知识产权，总觉得是美国人、欧洲人给了我们很大的压力，才要保护知识产权。但现在，无论是政府还是民间，都认识到保护知识产权就是在鼓励创新。我们不仅希望全世界的很多产品都是 Made in China，更希望是 Created in China（中国原创）。这种创造力远比单纯的制造更能保证一个国家的长期发展。爱因斯坦说：想象力比知识更重要。无论是在大家熟悉的医学领域、科学领域、人文领域，很多重大的发明和发现，最初都是由一个假想开始的。我刚才还在和韩院士、刘博士探讨医学需要不需要想象力。按说对人的身体总不能乱想吧，但是像幽门杆菌与胃溃疡的关系，基因螺旋体的构想，也都是来自想象力。一个外国教授曾说过，如果给中国学生一个假想，他们会做出很好的推论，但却不是假想的提出者。我想，随着教育体制和社会氛围的变化，会有越来越多的中国人提出假想，并得以求证。

我今年开始做一本用我的名字命名的电子杂志。这是一本针对城市职业女性的杂志。这本杂志在短短的三四个月内，从第三期开始，就突破了每期 100 万份的下载量。到第八期和第九期，下载量已经突破了 200 万份。这对于我们做传媒的人来说，就是创新。因为在过去，报纸就是报纸，杂志就是杂志，电视就是电视，而现在通过这本电子杂志，我们可以把视频、电脑动画、互动问卷等所有有趣的东西都结合进来。用我们一位主编的话讲，那种感觉就像每天在编哈利·波特的杂志。这无论对我们传媒人还是受众，都是一种新鲜的刺激。对于社会来说，我们希望我们的社会能减少创新的成本，进而增加创新的回报。

时代的第三个特点就是，边界不断被冲破并走向融合。

一星期前，我在北京接待了一个朋友的朋友，他是洛杉矶西奈山医院的医疗部主任，这家医院是好莱坞最高档的一家医院。我问他来做什么？他说是来发展业务。我就问他来中国发展什么业务？他说：我知道中国的医生医术都很高明，而我们可以提供一些高端复杂的医疗技术，比如脑部手术的服务。也就是说，他是来中国发展病人的。过去的医院都是地方性的；而现在通过网络，可以进行网上会诊、远程临床的讲解等等，这都是很大的突破。我采访过一些治疗艾滋病的专家，他们说，以前只要了解疾病本身的原因，针对原因治疗就行了，而现在在艾滋病的治疗中，必须学习临床心理学。因为这些病人往往承受很大的社会压力和心理负担，如果从心理上不对这些病人进行疏导，治疗效果也就不能得到充分的体现。所以在医学领域，这种跨界的学习和交流越来越多了。

五一期间，我去了敦煌，那里的“大唐气象”依然给人以莫大的震撼。不仅是那些生动的绘画和依然保持得那么鲜艳的颜色，而且是儒、道、释三种文化的交融，人物神态的生动，服饰的多样，让你感到，盛唐气象实际是一种文化融合的现象。有幅壁画给我印象很深，画的是许多穿着华贵衣服的仕女。经讲解知道，画的是那时当地一位节度使的家眷。这个节度使家族一代一代在当地统治了百余年。那么他是怎样保持地方稳定和文化融合呢？他是靠联姻的方式，为儿子迎娶当时西域各国的公主，又把女儿嫁给各国的君主、王子。通过血液的融合，而达到了一个地区政治、经济的相对稳定，也保证了当地文化的繁荣。

今天如果再依靠这种血缘关系，恐怕就不太现实了。我们更需要的是文化的融通。虽然现在具备了技术上的条件，但大家并不是都准备好了。比如语言就是一个很大的问题。也是五一期间，我陪几位美国朋友先去敦煌，后去丽江。到了丽江，一位美国朋友要等一个传真，就和酒店的服务生说：我要我的 Fax。服务生一开始没明白什么意思，后来突然恍然大悟，说：我知道老外要什么了，他要 Sex。服务生就在他的房间里放了一些避孕套，弄得我这位朋友哭笑不得。所以说，语言是很大的问题，并不是每个人会说 Hello、Good - bye 就行了，而需要更深层次的交流。

思维方式也有明显的不同。我刚去美国的时候，有点不习惯，比如我们在国内总是说中国有“四大发明”，有老子、孔子、孟子等，用这些来说明我们的文化。但在国际通用的语言里，并没有“四大发明”这个固定词组。如果你给人讲，我们的孔子是如何重视“礼”，如何重视“仁”，如何普及了教育和文化。可如果人家看到一个随地吐痰的中国人、在公共场合大声喧哗的中国人和在听音乐会时不关手机的中国人，恐怕给人家讲多少遍孔子和孟子也没用。据统计，文化一共有183种定义。其中有物质生活层面的，像景德镇的瓷器；有精神生活层面的，像我们的昆曲、京剧、武术；而更重要的，也是更直观的，应该是生活方式和思维方式这个层面的。前不久，由张艺谋、陈维亚担任导演的奥运会开幕式、闭幕式的创作班底已经组成。我想他们遇到的最大问题，并不是如何展示一个正在腾飞的中国，也不是如何展示悠久古老的文明，这些都不是难题。最难的是，怎样让人家心动起来。不是说一万人的震耳欲聋的安塞锣鼓，就能打动人；而是现在的中国有什么能感动人。我觉得如果能做到这一点，东西方文明才真正达成一种交流。

在我们这个时代的层面里，大家都可以试着找找自己的定位。无论是中国与世界的融合，还是自己学术和专业领域的创新，或是通过信息技术，扩大自己知识搜索和捕捉的范围，这些都会对个人的成长有很大的好处。就个人的品质而言，“逆流而上”固然是令人钦佩的，但是，我觉得我们每个人还是很渺小的，当我们设计自己的成长之路时，我们还是要顺应时代的潮流，借潮流之势，推动自己事业的发展。

找到自己的比较优势

人与人虽然没有优劣之分，但却有很大不同。有一次我参加一个论坛，有位教授说了一个观点："一个人不需要每件事都做得好。其实只要一件事做得好，你就有下一次机会。"我觉得很有道理。我遇到很多记者同行，他们说：杨澜你多幸运，能采访那么多国家元首和政府首脑，我们都没有这个机会。而我其实是从采访一个区长开始的，所以要是区长没采访好，就不要去采访市长；市长没采访好，就不要采访部长；等部长采访好了，再想如何采访副总理、总理、总统。

对于医学，我不是很懂，但我也了解到，也有这种比较优势存在。有的医科学生，在学校理论学得很好，但手比较笨，所以在临床上就不适合做外科医生；有的理论学得不是很精，但手很灵巧，就可以成为外科的"一把刀"。这就是每个人有不同的比较优势。

一般来讲，一个人刚刚大学毕业，走上工作岗位的时候，容易产生这种思想：我一定要做一项很有意义的工作，或者我很感兴趣的工作。其实这根本不用着急。你可以先做一些看上去"大材小用"或者是完全事务性的工作。但如果你能在这件工作上做得比别人好一点点，不需要做更多，你就有下一次机会去做更大的事。但如果你什么都不做，停在那儿抱怨：我在其他方面还比他们强呢，为什么不用我？那根本没用，这个世界没有人想听这样的话。大家只关注你做事的结果。所以你只要在某一方面比别人好一点点，你就有成长的机会。

两年前，当时的俄罗斯总理卡西亚诺夫来中国访问，只停留两天，仅接受了一个采访，就是我的采访。应该说，作为民间的传媒机构，能得到这样的机会很难。所以我很好奇，他为什么会接受我的采访？他的随行人员告诉了我原因，很有意思。因为在这之前，我采访过他的副总理。副总理告诉他：如果你去中国，应该接受这个女记者的采访，她提的问题很有水平。我听了之后很高兴。我想说的是，千万不要小看这种口口相传。你做的每件事都会对你今后的成长产生影响，希望更多的是正面影响而不是负面影响。

为什么当时我会离开《正大综艺》？这是不断有人问我的问题。我不知道是否说清楚了，急流勇退也好，有学习精神也好，这都不是问题的实质。实质是，我觉得我不擅长做综艺节目。我既不会唱歌，也不会跳舞，更不会演小品。只有一次和赵忠祥老师合作演魔术，叫“大变活人”，还没走出去呢，就让别人认出来了。魔术的效果一点没有。所以我想，我真是没有什么艺术天赋，我还是老老实实做自己能做好的事。我什么事情做得好呢？也许从小受家庭影响，我比较喜欢读书，也有学习的能力。所以日后开始做访谈节目，每次我都是坚持尽可能地阅读相关的资料，看所有的东西。按别人的说法：这很笨，主持人靠口才好、现场反应快就行了。我恰恰认为不是这样。我认为，以访谈节目来说，你事先准备的程度和你做出节目的效果完全是成正比的。

作为记者和访谈节目的主持人，我也许还有一个比较优势，就是容易和别人交流。1996 年我在美国与东方卫视合作一个栏目叫《杨澜视线》，介绍百老汇的歌舞剧和美国的一些社会问题。其中有一集节目是关于肥胖的。一位体重三百公斤以上的女士接受了我的采访。大家可以想象，一般的椅子她坐不下，宽度不够，我就找来另外的椅子，亲自搬来，请她坐下，与她交谈。最后她说：我一直不知道中国记者的采访会是什么样，但我很愿意接受你的采访。我就问她为什么？她说别的记者来采访，都是带着事先准备的题目，在我这挖几句话，去填进他们的文章里。而你是真正对我有兴趣的。这句话给我的印象很深。所以，无论是在镜头前，还是与人交流，你对对方是否有兴趣，对方是完全可以察觉的。你的一举一动、你的眼神都在建立一个气场，我能建立这样一个气场，所以就适合做访谈节目。

以上是我对自己比较优势的一个挖掘。其实在座的各位都有自己的比较优势。你们可以考虑和分析一下自己的比较优势在哪里。当然，这不会一开始就知道，只能通过尝试做不同的事情才知道。对我来说，我做电视已经做了 17 年，中间也经历了许多挫折。其中比较大的事情，大家可能也知道，就是 2000 年我在香港创办阳光卫视，虽然当时是抱着一个人文理想在做这件事，但至今我也没后悔。由于商业模式不是很符合现有的市场规则，所以经历了许多商业上的挫折。这让我很苦恼，因为我觉得自己已经非常努力了，甚至怀孕的时候还在进行商业谈判。从小到大，我所接受的教育就是：只要你足够努力，你就会成功。但后来我发现并不是这样。如果一开始，你的策略、你的定位有偏差的话，你无论怎样努力也是不会成功的。

后来我去上海的中欧商学院进修 CEO 课程，老师讲到商人和士兵的区别：士兵接到命令后，哪怕打到最后一发子弹，牺牲了，也要坚守阵地；而商人好像是在一个大厅，随时要注意哪个门能开，他就从哪儿出去。商人一直在寻找流动的机会，并不断进出以获取最大的商业利益。听完后，我就心中有数了——我自己不是做商人的料。虽然可以很勤奋地去做，但从骨子里，这不是我的比较优势。在我职业生涯的前 15 年，我一直都是在做加法。做了主持人，我就要求导演：是不是我可以自己来写台词；写了台词，就问导演：可不可以我自己做一次编辑；做完编辑，就问主任：可不可以让我做一次制片人；做了制片人，就想：我能不能同时负责几个节目；负责了几个节目后，就想：我能不能办个频道……人生中一直在做加法，加到阳光卫视，我知道了，人生中，你的比较优势可能只有一项或两项。

在做完一系列的加法后，我想该开始做减法了。因为我觉得我需要有一个平衡的生活，我不能这样疯狂地工作下去，所以就开始做减法。那么今天我给自己的定位是：一个懂得市场规律的文化人，一个懂得和世界交流的文化人；在做好主持人工作的同时，希望能够从事更多社会公益方面的活动。所以，人可能在失败中更能认识自己的比较优势。我也希望大家不必付出太大的代价，就能了解自己的比较优势和缺陷。

明确人与自己的关系

经常有人说，这个人有多重性格，其实我们每个人都有多重性格。总保持一致，不出现混乱，那我们就是神仙，而不是人了。但是否可以通过成长，追求一个相对完整的人格呢？我认为是可以有这样的机会的。虽然对于教育改革，大家都有不同的想法：说分数教育不好了，我们要进行素质教育，而素质教育后来又变成了学钢琴、学画画等技能的培养。这是不是培养了想象力和创造力，也未见得。我觉得最欠缺的，从幼儿园开始，应该提到议事日程上的，是人格教育。

你在世界的很多地方都会听到 Integrity 这个词，意思就是指人格的完整性。人应该有尊严，有行为的准则，这恰恰是我们教育中所欠缺的部分。其实大家都应该有这样的体会：无论成功与否，人最大的快乐和痛苦都是来自精神层面的。

记得采访 1998 年诺贝尔化学奖获得者、美籍华人崔琦，是在普林斯顿大学。他讲到：自己出生在河南最贫穷的农村，十几岁前从未读过书，只是在家放猪。后来他有了一个机会，可以出外读书。他母亲把家里仅有的面粉做了几个馒头，给他带上，并跟他说：你要出去好好读书，只有这样才有前途。当时他还不太愿意出去，就问他妈妈：什么时候可以回来？他妈妈说：到秋收，你就能回来看我们了。这样他就和一个远房亲戚走了。可没想到，之后的战乱让他这一走，就再也没能回来，再也没见到他的父母。谈到这里，我问："如果当年你妈妈不坚持把你送走，今天的崔琦又会怎样呢？"其实我的问题是有诱导性的，我想让他说，人如果不接受教育，会依旧很贫困这类的话。崔琦的回答大大出乎我的意料："我其实并不在乎，如果我留在农村，也许我的父母就不会饿死。"因为他的父母是在上世纪 50 年代末活活饿死的。他的话给我很大的震撼。

虽然我是在 1998 年采访他的，过了这么多年，至今有人问我采访了这么多人，给我印象最深的是谁时，我仍然说是他。获得诺贝尔奖算不算成功？应该算成功，对许多人来说都是终生难以企及的。但在亲情和伦理面前，在人的生命面前，就不那么重要了。所以我前面说，我们的时代是一个鼓励和刺激每个人去追求成功的时代。但在成功之上，还会有些其他的东西，比如人格，是人生更重要的基础和基石。

另外一个给我印象很深的就是王光美女士。以前她给我的印象就是一个老革命。其实大家不知道，她是我国第一位核物理专业的女硕士。大家现在想得到的机会，出国留学、全额奖学金等等，当时她都得到了。但是作为一个有理想的年轻人，她有自己的追求，她毅然去了延安。后来的故事大家都知道了。在那个特殊的年代，大家可以想象当时她所承受的压力，那是一种排山倒海一样的、能把个人撕碎和吞噬掉的压力。但她并没有背叛自己的丈夫。她讲到，当时刘少奇被批斗，她也在旁边陪斗。有一次批斗会，刘少奇在一个舞台的中间，被揪打得很厉害。她不顾一切地跑过去，拉着他的手，和他一起挨斗。这绝对不是一般人能做到的。但最让我感动的还不是她在巨大的灾难中所表现的原则和对自己感情的忠实，而是在特殊的年代过去之后。她给我讲到：当时她身边有个工作人员，教她小女儿唱打倒爸爸妈妈的歌谣，并怂恿女儿当着她的面唱，可以想象这种设计是非常刻薄和阴毒的。我就问她：您后来找到这个人了吗？她说：我不想知道。我要是想知道，这个人会倒霉的。所以我根本不去问、不去调查这件事。因此，她也是给我极大震撼的受访人物。在受到了一个巨大的不公之后，能去宽恕，不去追究，我认为这不是一般人能达到的境界。这些心灵的震撼和撞击对我的人生观都产生过一些非常大的影响。

你可以不成功，但是不能不成长

我成立了阳光文化基金会，希望推动慈善文化的普及、推动慈善的培训等等。有人问：你图什么？我很难说清楚，我觉得有一种动力要我去做这件事，而且做了以后，心里有一种非常大的满足感。我想，当你们未来伸出你们的手把病人从死亡线上拉回来时，不需要别人问你：你图什么？你是为了挣你那份工资？当然不是，我相信，当你这么做时，你心里一定充满了极大的满足感和快乐，我希望这种快乐被加倍放大，我们的社会也会变得更加和谐。

每个人都在成长，这种成长是一个不断发展的动态过程。也许你在某种场合和时期达到了一种平衡，而平衡是短暂的，可能瞬间即逝，不断被打破。成长是无止境的，生活中很多东西是难以把握的，甚至是爱情，你可能会变，那个人也可能会变；但是成长是可以把握的，这是对自己的承诺。虽然我们再努力也成为不了刘翔，但我们仍然能享受奔跑。可能会有人妨碍你的成功，却没人能阻止你的成长。换句话说，这一辈子你可以不成功，但是不能不成长。

关于成长

中央电视台主持人　康辉

对一所大学来说，最重要的是它特有的精神，这是它的魂。厦门大学的校训是：自强不息，止于至善。这八个字究竟意味着什么，需要我们用一生去慢慢品味。

今天，我跟大家交流的主题是“关于成长”。每个人的成长都是独特的，不可复制的。今天我来到这里，能够提供给大家的只是我个人成长的个案。虽然每个人的成长各不相同，虽然我们的青春是处在不同的时代，但是每个人在青春岁月中所遇到的困惑、所感受到的对未来的迷惘都是共通的。

从表面看，我的成长过程似乎风平浪静，但我的内心却经历过很多的起伏和波澜。我于 1993 年大学毕业，1994 年到中央电视台工作，先是在基层电视台做了半年多的锻炼、实习。在我最早实习的时候，新闻还是按部就班地录播，但在我正式工作了两个月后，中国电视新闻发生了非常大的变化——开始直播。我还记得自己第一次做新闻直播的状态，真的是紧张到能够听到自己像鼓一样响的心跳声，完全不知道自己该干什么。从最初的手足无措到慢慢知道自己该怎么做，其实那也是我成长的过程。在成长过程中，我有几点很重要的感受。

认识自己成长的起点

成长是一个不断认识自己的过程，我们通过认识自己而认识这个世界。因为职业的特殊性，我们会被太多的人看到，也被太多的人评判，还会被很多其实并不属于自己的光环所笼罩，在这个过程中必须能够清醒地认识自己。譬如，当周围的人都在说你好，你就要问自己是不是真的像大家所说的那样好；当周围的人都在否认你，你就要问自己是不是真的这么不堪。一切在于你内心对自己的认知，在于你内心的力量到底有多大。

在我最早开始工作的时候，我完全不知道自己到底是什么样子，甚至都不能确定在播新闻的时候该有怎样的表情。只能不断地与人沟通，不断地学习，不断地辨认自己。就是在这样一个认识自己的过程中，我的内心慢慢的越来越坚定，开始有一个标准，就是我知道我应该是一个什么样子，我可以做到什么样子。

这种对于自己的认识，在人生的每一个阶段都是非常重要的。譬如，选择专业、选择工作是该选自己感兴趣的呢，还是选可以给自己直接的、短期效益的？其实这也是基于你对自己的认知。就我自己来讲，我做这个事情是我热爱的，而且我知道通过我的努力完全可以达到某一个水准，于是我往前走。如果你通过对自己的判断和认知，你知道自己对这个事情感兴趣，但是基于各方面的条件以及非常现实的考量，也许现在做不合适，所以你选择另外一条路。这都是合理的，一切的一切就在于你如何认识自己。也就是说，判断你该做什么不该做什么，最重要的一点就是首先你要对自己有认识，而不是被其他人的一些概念或者对你的定义所束缚。只有清楚地认识了自己，才能知道怎么去选择，怎么去取舍。

理解责任是成长的过程

理解自己肩上所承担的责任，这也是关于成长非常重要的一点。其实每个人身上都有责任，不要觉得自己还是一个学生，还没有完全独立地在这个社会上生存和打拼，就因此可以放下肩上的责任。其实从我们来到这个世界开始，责任就随着我们的成长在我们的肩上一点点累积。你现在对父母就有责任，你对你周围的人也有责任，这个责任可以说得很大，也可以说得很小，小到对自己负责、对家人负责，大到就是要对社会负责。其实我们每个人所从事的事情都跟社会有千丝万缕的关系，所以，做好自己的事情就是对社会负责，对社会负责是通过对自己负责开始的。

我可以给大家举一个我工作中的例子：2009 年 10 月 1 日建国 60 周年大庆，我们做阅兵式的直播，其中有一个通报在天安门城楼观礼的领导名单的环节，因为之前我们对这个名单一无所知，所以在时间控制上非常不好把握。我跟另一个直播主持人李瑞英老师都非常紧张，如果这个环节处理不好将直接影响到整个直播的效果，也会影响到整个阅兵仪式。还好最后我们顺利地完成了这个工作，如若不然，很多人努力的成果都会被抹掉。举这个例子是想告诉大家，在工作中你的事情并不仅仅是你自己的事，它的背后会牵扯到很多人、很多事。如果你不带着责任感去做这件事，哪怕出现很小的差错，都可能会让很多人的心血和努力付之东流。所以，工作的过程，我们学习乃至成长的过程，就是你的责任意识不断加强、你身上的责任不断累加的过程。

作为一个社会人，我们每个人都逃脱不了社会责任。“责任”这两个字，分量很重很重，但是有时候承担自己的社会责任其实很简单——你在这个社会上做一个好人就足够了。做一个好人就是按照大家所共同遵循的一个规则来与人相处，不做伤害他人的事，不做伤害自己的事，这就是一个好人。如果每个人都能按这个标准去做一个好人，那么社会就能在一个非常良性的轨道上运行，而这就是我们承担起的最重要的社会责任。汶川地震的时候，大家都说要去做志愿者，去做志愿者是非常高尚的事情，也是非常大的贡献，但其实只要我们每一个人都在自己的工作岗位上做好自己的事，那就是我们对抗震救灾事业所做出的很大的贡献，就是在承担自己的社会责任。

懂得尊重是成长的标志

懂得尊重，学会尊重别人，我觉得这是成长的一个非常重要的标志。这种尊重是要完全发自内心的，而不仅仅是做出某种礼貌性的姿态。在我的工作生涯中，有一件事让我深刻体会到“尊重”这两个字的含义，也让我从此知道在工作中该怎么去尊重别人。

2001 年我做了一个节目，是关于在北京市里发现的一个汉代古墓的。我们请了考古学界的专家来帮助我们做这个节目，那是一位很知名的老先生。在那个直播节目中，为了追求节目的效果，针对古墓发现的一具遗骸，我软磨硬泡地让那位老先生在未经实验检测的情况下对那句遗骸的性别做出判断，而事后证明那个判断是错误的。老先生为此受到了一定的指责，我对此非常后悔，并对那位老先生感到歉疚。我在想，我执行了一个电视人的制度和守则，我让老先生说出了他本不愿做出的判断，我的节目达到了想要的效果。一般看来我好像没错，但是深思一下，在这期节目中，我没有尊重那位老先生，没有尊重他的行业制度和守则。这件事之后我没再见过那位老先生，也没有机会当面跟他道歉，但是每当想起这件事我都觉得特别的歉疚，它给了我一个非常重要的启示：作为一个媒体人，作为从事这样一份职业的人，你必须在你工作的每一点一滴中传达出对他人的尊重，这种尊重会通过媒体的方式传递给更多的人，如果大家在我们的报道过程中感受不到我们对其他行业其他人的尊重，那我们所谓的舆论引导就会有很大的欠缺。所以从那以后，我就给自己定了一个原则：无论我在节目中需要达到怎样的效果，一切必须要以不损害别人的工作原则来作为我工作的出发点。

在今天这个越来越多元化的社会，我们每天都会经历、接触到很多可能不符合我们价值观的人和事，那么我们是不是能对其报以一种包容、一种发自内心的尊重呢？也就是说，你可以不喜欢，可以不同意，但是你要尊重它存在的权利。我觉得，一个人、一个国家，在成长的过程中，能够具有这种包容，具有这种真正尊重不同意识、不同文明形态的价值观念，是一种非常重要的品质和能力。我们应该学会用一种更加包容、更加开放的态度去看待很多的人和事。这个社会有很多不安定的因素，这种不安定因素很大程度上就是因为大家互相不了解或不愿意去了解而产生的，如果我们都能敞开心扉，能够互相尊重，那么很多矛盾、很多不安定是可以消除的。

学会怀疑是成长的力量

除了上面说到的三点，还有一点很重要，就是要学会怀疑。这种怀疑就是不盲从、不迷信于某些所谓权威、成功人士等外在的光环。年轻人有的时候会很冲动，而冲动有的时候是因为你盲目地听从了某一个人，或者是盲目地信任了某一个东西。在成长的过程中，你会慢慢地获得属于自己的人生阅历和经验，从而你能够做出自己的判断，而不再一味盲从。当你不再那么轻易地去相信一个东西的时候，你便是成长了。并不是一个有什么头衔或光环的人说的话就一定是真理。所以，当大家在接触到这样的人和这样的信息的时候，一方面，我们需要带着一种积极正面的心态去聆听和感受；而另一方面，我们则要带着批判的眼光和心态去质疑甚至交锋。我觉得只有这样，我们的成长才会有力量和有质量。

认识自己，理解责任，懂得尊重，同时学会质疑，这是我在我的成长过程中所感受到的四个非常重要的关键词。我想跟大家说的是，成长是一个自然的过程，我希望大家在这个过程中能够越来越成熟，但是不希望大家越来越世故，因为成熟和世故是不能划等号的。成熟是看世界的眼光角度更多、深度更广，但依然是一种干净和澄澈的目光，而世故则完全是站在一种趋利避害的利益角度去对人和事做出判断，而这样，人的眼睛是会越来越浑浊的，看到的世界也会越来越浑浊。

新闻不能背离主流价值观

学生：请问，当您播报的新闻背离了主流价值观或者与您个人认可的新闻标准有冲突时，您怎么处理？

康辉：作为官方媒体、公共媒体，我们肯定是要更多地关注对社会主流价值观的弘扬和引导。也就是说，在新闻的选择过程中，大家会秉持一个原则和标准：和社会主流价值观极其背离，并且确实会对社会安定有负面影响的新闻，通常不会纳入我们的选择之内。所以，你说的背离主流价值观的新闻基本是不会出现的。如果有的话，我会和我们栏目的编辑做沟通，在新闻编排中是不是一定要把这条纳入进来。如果今天的新闻已经整个排好版了，我就会看它的表述方式是什么样的。比如，我们一些同事会想当然地站在一个追星的角度去做新闻，包括用一些天王巨星这样的词来形容等。如果这个新闻一定要发，我就会在这个表述的方式上做一些调整，会用最平实、最客观的语调去播报，以减少这种新闻带给大家的浮躁感。

汲取美好可以点化成长

学生：您能谈一下在您人生中给过您启迪和点化的人吗？

康辉：其实在成长的过程中，我们可以从不同的人身上汲取到很多有益的东西，也许某一个人的某一点，就会让你有特别大的获益。

在我的工作生活中，有很多让我敬重的同行或前辈，如果你现在让我举一个例子的话，我可能会说，是沈力老师。对你们这一辈的人来说，沈力可能是一个比较陌生的名字，你们没有看到她在屏幕上的风采，她是新中国的第一位播音员，是最早在新闻主持领域里开拓的人。她现在已经退休了，但有时候会参加我们行业的一些活动。我对她的敬重在于，我现在越来越从她身上感受到一个阅历丰富的人的一种回归，一种非常沉静的气质，你在她身上看不到这个社会中很多人脸上都有的那种浮躁，那种急于要获取东西的表情，你看到的永远是沉静。而且，在她谈到她过往那些外人看来堪称辉煌的成就时，她都很平静地说，那是我的工作，我只是把我该做的事情做好，就是这么简单。你会发现，她的那种沉静既是岁月的一种积淀，也是她一生都在秉持、自始至终都没有改变过的东西。所以，我觉得我们可以随时随地汲取不同的人身上那些美好的东西，它们会慢慢地在我们身上累积起来，从而成为对自己的一种点化。

（2010 年 11 月 28 日，“未来中国 · 领军人物大讲堂”走进厦门大学）

我认为人人都是天才

SOHO中国有限公司董事长　潘石屹

以前我在凤凰卫视《一虎一席谈》栏目做过一次嘉宾，录制了一期“不购房运动”的节目，据说这期节目创下了这个栏目收视率的最高纪录。这次他们又要做一期“自杀式高考和自毁前程”的节目，说的是一个叫多多的考生，因为反对现行高考制度，在考场上交了白卷并写下洋洋万言抨击这个制度。我又被他们邀请参加，并升格为嘉宾主持。我问他们，什么是“嘉宾主持”？他们说：嘉宾是轮流上场的，嘉宾主持就是和胡一虎坐着一直不下场的人。在录制节目之前，节目的编导让我选择做正方还是反方，并说北大张颐武教授已经选择了反方，就是不赞成考生多多的做法。所以，我其实只能选择正方，即支持多多的做法，认为多多的行为是勇敢的和可取的。我能理解节目编导这样安排的用意，大概只有这样才能有冲突，才有争论，节目才好看。

到了现场以后，才发现张颐武被换了，作为反方首席代表的是中国政法大学于健老师。张颐武和郑渊洁后来也上场了。阵容上基本是张颐武支持于健老师，郑渊洁支持我。那天的录制现场，气氛很热烈，也很乱。大家都抢着发言，于健老师的讲话大约占了70%以上的录制时间，我不知道节目完成后会是什么效果。昨天节目的编导给我发来邮件，说这个节目在9月2日晚上8：00黄金时段播出，让我留意收看。凤凰卫视把节目安排在学生们刚开学的时候播出，对在校读书的学生可能会有很大的影响，如果我在节目中有什么不当言语，也希望别给这些在校读书学生们产生不良影响。

为此，我把我对于此事的想法梳理一遍，完整地写出来，供大家参考。

首先，学习是最重要的事情。对在校学生而言是这样，对社会上所有人也都是如此。学习可以增加知识，也可以启迪智慧，更重要的是人进入学习的状态，就会变得谦逊、虚心。学习同时也是减少和消除人的自大、自我的最好办法。目空一切、夸夸其谈、谁也看不起的人，是无法进入学习状态的，或根本不知道还有这样一种状态存在的。只有学习才能真真正正地改变人心，中庸、善良、谦和、有洞察力等等这些美德都是在学习中获得的。有许多话说的也是这个道理，比如“活到老，学到老”，“三日不读书，面目狰狞”。

其次，学习不是死读书，不是为了考试。书本上的知识固然重要，它们是现实生活中规律和经验的总结，但书本上的知识是远远不够的，人们对世界的了解现在也只是冰山的一角，还有很多未知的领域等待我们去发掘。如果只把世界抽象成书本中的知识，并认为这就是世界和生活的全部，死记硬背，而忽略了身边的现实世界，这样，将来也只能是一事无成的“书呆子”。我们要学习书本上的光学知识，更要直接地感受阳光，感受它带给我们的生机、色彩，在我们生活中留下的美丽的投影；要学习书本上的生物知识，更要直接感受大自然中的花开花落、春去秋来，和它生机盎然的生命力……社会学科更是如此。从古到今，多少学者在读万卷书的同时，更要行万里路，在古希腊交通十分不便的情况下，那些学者跋山涉水走了大半个地球。我曾在博客中写了一篇《北大应该允许小学生参观》的文章，引来许多北大网友的批评，说这些小学生吵闹，破坏了他们宁静的学习环境。更有一位网友给我留言，说北大总有陌生的人向他问路，太烦了，太耽误他的时间了。我想到自己去年夏天在法国马塞附近的小城市开车迷路了，一对正要去买比萨饼的法国年轻夫妇，热心地把我带到目的地，这花了他们半小时的时间。学习不能只关在教室中死读书，只重视考试的分数，还要与活生生的现实接触，这样才能提高洞察力。

最近，看到教育部下发的文件，接受义务教育的学生考试的分数以后不再公布了。我认为这样做很好。在分数第一的制度下，学生们的性格会变得越来越自卑或者自大。表面上看，自卑和自大是反义词；从本质上说是一回事。没有自信心的人才自卑，为了掩饰自己的自卑，常常做出一些自大行为。平和地看待自己和别人，才是正确的人生态度。我同学的女儿学习成绩特别好，在最好的学校、最重点的实验班读书，也是班上学习成绩最好的，这次高考因一门课没有考好，无法上她想去的大学。我们在一起谈话时，我看到了她父亲对她的关心、对她的爱，很让我感动。在我想要给孩子一些建议时，她父亲反复提醒我，你要考虑这孩子现在的心情。在现有教育体制下，如果进入最好的大学，她就会马上产生很大的优越感，这优越感是全社会和这个体制给的；但因一分之差，无法上最好的大学，不管你之前多优秀，也会产生很大的自卑感，这也是这个体制造成的。我们欣喜地看到，国家已经在不断地改革这种制度。

多多可能在性格上有一些与众不同的地方，但这不会影响她成才。我在节目中举了三个人才的例子。梵高有一个举动，割下自己的耳朵，并不能说明梵高就不是人才；舟舟是弱智，但并没有影响他发挥乐队指挥的天才；纳什在外人看是精神病人，但并不影响他获得诺贝尔经济学奖。这些都是极端的例子，这些都是某些方面有缺陷的人，他们都成才了。正常的人更有条件成才。

林彪说天才几百年才出一个，我认为人人都是天才。

随心迈向远方

新东方创始人、新东方教育集团董事长　俞敏洪

人生像爬山，如果你走在平地上，一辈子不用花力气，但看到的风景是一样的。从出生的第一天到死亡，每一天过的日子都一样。因为你没有付出努力，所以就没有意料中的收获。我们也许可以说 GRE、GMAT 获得高分的学员有可能智商高，但更重要的还是他们努力，他们具有专心致志不认输的精神，不断努力直到考到自己满意的分数。

从他们身上我看到了自己的影子。我不是一个智商很高的人，如果智商很高，我就不至于考三年才考上北大，也不至于在每次考试前还要比其他同学多学很长时间。我在小时候就有这样的感觉，我有很好的自然环境，家住长江边的我有得天独厚的优势，可以在江边看江面上船来船往。当一个人有了向往远方的心的时候，他的脚一定会向远方迈去，于是就有了我这样的贫困孩子一年一年地考北大的故事。虽然在北大以全班倒数第五名的成绩毕业，但我努力地将新东方办成了全中国最大的英语培训学校。

我始终相信，人的梦想和激情会带领你走向远方。当我被美国大使馆一次一次拒签的时候，也曾灰心丧气过，觉得世界上可能除了阿富汗再也不会有别的国家给我签证了。不过我现在的护照上有十多个国家的签证，美国给我的是有效期十年的商务签证。生命中抱怨是没有用的，你一出生可能就跟别人有很多的差距，但从一辈子的角度来说这是没有关系的。比如说你是出生在农民的家庭还是部长的家庭，都没有关系。从你出生开始，你就是一个独立的生命，只要有一粒种子，就可以承受雨露阳光去成长。能不能成长，一方面要看父母的关爱和老师的培育，更重要的是要看你是什么样的种子。

在座的同学未来是否能够成功，不在于你现在的状态，而在于你有没有那种心态——把抱怨的心态转化为自己主动奋斗的心态。你要相信这个世界上一切成功与否、心情快乐与否、收获与否都来自于你自己，来自于你心中的种子，而永远不在于你碰上了什么样的老师、家长或者是什么样的社会环境。在任何一个社会环境中，人都能找出激励自己奋斗的经历和精神来。我们面对的外部环境都是一样的，一个伟大的人是自己创造出生存的天地，并且努力扩展它，而不是说你进入一个现成的生存天地以后去抱怨。

面对未来的发展，留学毫无疑问是一种很好的扩展方式。当然我们不能说不留学在中国就干不出事情来，否则我也没有资格站在这儿讲话。马云、史玉柱、柳传志和我都没有留过学，但做了很多成功的事情。这个世界总是有成功的人和伟大的人在不断地成长，不管什么样的土壤都可以长出美好的植物来。综合来说，如果我们的生命可以扩展的话，最需要扩展的是在年轻的时候认识世界。

如果家庭条件允许的话，高中阶段就可以留学读书了。为了省钱也可以在研究生阶段留学，念本科的时候把 GRE 或者是 GMAT 考完。即使念研究生时不留学，工作以后依然要不断地寻找开阔自己眼界的机会。未来世界舞台上，中国的分量一定会越来越重。这种情况下，你会发现，世界上最需要的人才是那些懂得中西方文化、语言、科技、传统融合的人。大家已经在中国生活了这么多年，对中国的文化传统和中国人的做事方式已经十分了解，已经自然而然地对中国的文化有反应。但是现在即使你的英语能力十分优秀，即使你 GRE 考了满分，与西方世界仍然存在隔阂。中国出去的留学生尤其是研究生最大的问题是，出国以后只搞研究和自己的专业，却不融入美国社会。比如说不跟美国人打交道，甚至不跟美国的同学打交道，只是做实验和研究，英语水平并没有提高太多。虽然他们表面上拿到了美国的学位，从思维上依然是一个土鳖。在研究生阶段出去留学，不光是学课程，而且是利用这个时间真正地变成一个对中西方文化和语言以及其他的科技方面能全部兼容的人。只有这样的人未来才有舞台，不管是在西方的舞台上还是在中国的舞台上都可以取得巨大的成就。我现在碰到的人都有这样的说法：只要中国给我一个平台，我就毫不犹豫地回到中国。中国现在的平台很大，中国的国力表明了中国未来在科技方面的投入会越来越多。回国进行专心研究的科学家环境与待遇不会亚于美国，这样大量的科技人才才会回国。

我为什么鼓励留学，这不仅仅是改变知识结构和生存状态，而是你们肩负着改变中华民族生存状态和精神状态的责任。所以我认为，留学对中国人来说是非常重要的事情。

别浪费了青春

——说给年轻的80后们

华远地产股份有限公司董事长 任志强

年轻人要先立志，才不会浪费了青春。

当我们已年近花甲时，尤为珍贵的恰恰是青春，恰恰是那些从身边悄悄溜走并永远无法追回的时光。我们永远也无法再回到80后的年龄，重塑自己的经历了。

穷而不志短

改革开放之前，中国人都是很穷很穷的，并且是平均到几乎都处于一个起跑线上的贫穷。是邓小平让中国从一潭死水中走了出来，有了生命。社会改革与重新分工，让不同的人走上了不同的路。

与如今的80后相比，在他们这个年龄时，我们这一代人也都没有生活的定位，但却从来都未丧失过“救国”的立志。也许是这一代人所经历的“红色”教育让几乎所有的人都从未有过个人致富的幻想，而只有为国牺牲的精神，也因此才有了“文化大革命”的无惧冲动。也正是这种“以天下为己任”的立志和努力不懈的奋斗精神，才有了此后各自不同发展路径以及不同现状的差别。

当我们进入而立之年时，恰逢改革从农村向城市转移的过程，十一届三中全会解放了农村的劳动力，却还没有解决城市大量待业青年的就业问题。原有的国有体制和集体体制根本无法满足大量的就业需求，城市“五难”的社会服务也无法满足城市基本生活的需求，鼓励创业和用优惠政策扶持自我创业成为社会上的一股潮流。机会遍地都是，但能抓住机会、敢于去抓住机会、努力去抓住机会的人却仍然是少数。

我曾经经历过数十个跨行业的作坊式的小企业创业过程，期间的酸甜苦辣回味多多。从兔皮的加工出口、魔方的生产、集装箱的运输、图书的邮寄、小商店的经营，到农村小时工的派遣、手敲打字机和印刷、装订、裁缝店、家电维修、动物模型、汽车维修、挂毯编织，再到开饭馆、卖水果、卖白菜、办建筑施工队，几乎无所不及，但我从来都是信心百倍且努力万分。

早上三四点钟爬起来生火炸油饼，每个油饼三五分钱，一个早晨下来两袋面的用量，收入仅有几十元。晚上数钢镚儿时常常眼皮子打架，一个迷糊就会把刚摞好的十个一叠的硬币碰撒了一地，还要满地乱找、重新去摞好。一个月下来，三百多平米的餐厅，几十个劳动力，也就只有不到三千元的利润。三十几岁时，我们的月工资只有几十元，奖金一个月只有六元钱。而这一切从来都没有影响过我们创业立业的信心，穷可以让我们艰苦，但穷并不能影响我们的斗志，“穷而不志短”早就从老一辈的言传身教中融入了我们的血液。

闯出自己的路

我们从不憎恨穷人，但我们憎恨贫穷。共产党的宗旨就是要“消灭”全世界所有的穷人，让所有人成为富人。我们时常救助穷人，但绝不救助因懒惰和不努力而变穷的人。因为我们也是从贫穷中走过，并在没有路的地方走出了一条自己的路。

从卖苹果、卖白菜到倒录像机是一个飞跃，大多数人都从流通领域中分享了改革开放之后物流转移而产生的差价。和传统的丝绸之路一样，利用南北之间的地域差和南方改革初期的试点城市开放开始了最初的交易与经商，也从小额现金交易变成了银行信贷与转账。我们包租了飞机运货，从自行车换成了摩托车，再换成了汽车。

从学步到跑，几乎没有人会不摔跟头，也没有人会一帆风顺，那些开始太顺利扩张的企业今天则大多都不见了。华远、四通、联想几乎都是同时出现在市场上的一代，而更多当时知名的企业则在大浪淘沙中一去不复返了，差别正在于走自己的路还是跟在别人屁股后面追赶。齐白石先生说：“学我者生，似我者死。”其意在学的精神与灵魂，而绝不是形似的临摹。

从计划经济到市场经济的过渡并非一件易事，尤其是我们这些曾经只留下了大量计划经济残余的一代人，要彻底改变过去的一切就更是件难上加难的事情了。但我们闹过学生运动、打倒权威的领导（也许是错的），在毛主席的一挥手中上了山、下了乡、耕过田、种过粮，在全国学习解放军中当过兵、扛过枪，在恢复高考后上了学、留了洋，也有些在改革中入了狱、撞了墙，但仍在跌倒后爬起来重新摸索。这些经历与磨难恰恰造就了我们铁一样的筋骨、钢一般的意志，走出了一条“摸着石头过河”之路。

中国的改革是从没有路中选择了被动的摸石头，是在未知过河的方式中探索。无数的先烈用鲜血与生命换取了新中国的成立，同样也有无数的后来人为寻找改革的成功之路而成为了先驱，许多人也因此受益而成为当代知名的企业家，并为后来人留下了失败与成功的经验。

如果改革的初期，一代人为寻找幸福敢于去按血手印，那么改革 30 年之后的今天是否还有人愿意用生命去为更多人的成功而当垫脚石呢？正是这种改革的倒逼机制与改革创造的上升环境让两代人有了不同的选择，也让更多的现代青年不愿再用“立志”的前提作为生活的基础了。

现代的 80 后们也认为自己在走自己的路，但大多不再是如何成就一番“事业”和“救国”，而是如何建立美满生活的小家庭，靠父母支援的出国留学也让他们不再用课余时间去刷盘子了。更多的人不是从“安逸”的公务员岗位上因无味而下海，反而成群结队地涌入公务员考试的“独木桥”。

毕业后集中于大、中城市，而不再关注生养自己的父母乡亲和那片热土。他们热衷于在网络上寻找生活中的乐趣，也热衷于在虚拟世界中热议房价和社会问题；他们开着小型的私家车浪漫于山间田野，一面自豪地看不起那些乘大车去采摘的同事与同学，一面又高声地叫骂着市中心豪宅的高房价。这似乎已经成为了他们的一种生活方式……

每个人对“走自己的路”都有不同的认识，但社会却会将什么是“走自己的路”给以重新的定义。华远则是在“傍大款”进入资本市场后又为了维护国有资产的利益而退出并二次创业，用再次进入资本市场显示竞争的实力，用努力和被社会认可的实力与业绩证明什么是“闯出自己的路”。

榜样的力量

李彦宏、马云、冯军都是年轻一代的榜样，尽管他们不是80后的一代，却是最接近于这一年龄层的一代佼佼者，可以无愧于所有中国人的骄傲。但也许由于他们的形象太高大，许多人认为是高不可及，反而放弃了对榜样的追求，失去了对榜样的关注。

其实榜样就是立志中拟定的一个阶段性目标，恰恰是一个要不断提高且让自己轻易摸不着而促使自己不得不努力争取的台阶。

当我们盈利了几百万时，树立了几千万的盈利目标；当这个目标要实现时，就树立了几个亿的盈利目标；当公司有了上亿的资本时，就希望上十亿的等级、再上百亿的等级。那些比我们跑得快的企业就是我们的榜样，并转化为我们前进的动力。

当我们只有十万开复工的能力时，我们许下了为职工分房的承诺，要让盖房子的人能住上自己建设的房子。多年的努力中，这个目标在不断地提高标准，从少到多、从小到大，并最终搭上了福利分房的末班车。

如今的房价让许多年轻人觉得高不可及，我倒觉得这恰恰是一种动力。年轻人应该是以高标准的住房为生活的追求并为此努力奋斗，但现实则要从低标准的、远距离的住房或租房开始，就像学跑要先从一步一步走开始一样。绝不是用埋怨和抱怨削弱自己的斗志，永远都差一步的目标才不会松懈努力的精神。期待天上掉馅饼的想法无益于年轻人的成长。

我当兵时幸运地撞入了中国最优秀的团队，优秀的传统让所有的士兵都无一例外地打上了永远要争第一的烙印。在这个共产党领导的红军时代留存下来的部队里，同样将拿破仑“不想当将军的士兵不是一个好士兵”的名言作为立志和励志的信条，当然还伴随着军史、师史、团史和连史的战力战史和英雄人物的榜样作用。正是这种环境的渲染，使生活在这个带有无限刺激的竞争中的每一个战士都知道向前向前向前，而从不知道什么是退却。所有的抱怨都集中在不能成为主攻连队、不能拥有第一个将红旗插上阵地的荣誉机会，哪怕这个荣誉是要以牺牲为代价的。

也许这种精神只属于那个特定的时代，今天已经被遗忘了。但对我们这一代人来说，则仍是记忆犹新、终生难忘的。正是这种特定的生存环境让我在连头带尾的 13 年军旅生涯中先后荣立了 7 次包括集体和个人的二、三等军功。没当过兵的人也许理解不了立功的难度与价值。而在一个荣誉感强的战斗团队中，其竞争的残酷性则不仅体现在流血流汗的苦练与摸爬滚打中，还体现在技术、知识、能力、意志的拼搏上。王中军的《士兵突击》成为老少皆宜的收视率极高的电视剧，毫无疑问与其在 38 军的军旅生活的亲身体会是密切相关的。

毫无疑问，正是榜样的作用与力量成为支撑这一代人如今在不同战线上成为佼佼者的基础，这些沉淀于他们血液中的精华，也是让这一代人成为中国改革与经济发展中坚力量的原因之一。

榜样的力量也让这一代人无私地担起了“为人民服务”的重任，默默地为国家的发展忍受着国家管理体制改革滞后的成本与负担。

我们的父母曾为新中国的建立流过血、负过伤，虽然他们至今的收入尚不及他们的孙子、孙女，但他们从没有对“为人民服务”产生过怀疑和动摇。他们从未对个人的消费提出过奢侈的要求，至今仍保持着艰苦朴素的传统，穿着有补丁的衣服，九十多岁的高龄仍坚持乘公共交通，他们的怪异已让后几代人无法理解与无可奈何了。他们会“偷偷”地抚养非亲非故的孩子读书上学，会将生活的结余“悄悄”地捐献给那些不知名、不知姓并终身未见过面的困难者。他们早已离开了领导岗位，但比这个家庭中的所有人都更关心政治、关心国家大事，央视与地方新闻仍是他们生活中必不可少的内容。他们坚持阅读各级党报，而几乎不看非党报的刊物和“花边新闻”，他们最注重的是参加各级单位为老干部安排的活动和曾经战斗过的部队的活动，每次都穿上当年样式的列宁装并挂上历史中曾获取的各种勋章、奖章，以显示早被社会忘记了的辉煌，他们一如既往地追求着曾经的理想。

然而他们的榜样作用却在潜移默化地影响着许许多多的人，特别是限制着那些生活在他们周边的几代人的行为，让这种对目标追求的执著成为教育后代人不断努力的力量，也让后代人无论在什么情况下都会严格地守住道德与法律的底线，让后代人为了维护老一代曾有的荣誉而不敢跨越雷池一步。

缺少了理想会让人失去方向，缺少了榜样则会失去希望。人们不可能一步跨越历史的进程实现远大的理想，但却可以用榜样的激励逐步提高观念和层次，端正生活态度，建立扎扎实实的生活基础。

历史的车轮并不会因年轻人的不满而放慢前行的速度，更不会停下来等那些尚未睡醒的迟到者。而我则用一生的体会深知“靠天靠地不如靠自己”，“从来就没有什么救世主”，只有勇敢的面对和不懈的努力、认真的学习和积极的参与、在竞争中拼搏，才能享受生活的快乐、体会人生的价值。

我的人生价值并不仅仅体现在解决就业、提供税收、办好一个企业、创建几个上市公司，不在于作为人大代表和政协委员的参政议政，而在于我的意见影响到一个行业的政策倾向与业界发展，以及我的言论与观点能影响一大批人和企业的成长。我的一生至少不是碌碌无为的一生。

但愿更多的年轻人别浪费了人生最宝贵的青春，不是为了别人而是为了自己，为了这个社会而珍惜最具光辉色彩的每一天。

18 岁的记忆

中央电视台主持人 康辉

据说，人老了的标志之一就是喜欢回忆，而且对以前的事情比对眼前的事情记得更清楚。照这个标准，我庆幸还不算老，因为我发现自己对于以前的记忆，很多都是模糊的。比如，现在你问我，18 岁那一天，我是怎么过的？说了什么？做了什么？抱歉，我真的想不起来。也因此，回忆于我，实在是一件头痛的事情。

18 岁以前，对 18 岁有着某种特别的憧憬，因为歌里总唱："18 岁的哥哥坐在小河边……"，18 岁，似乎可以拥有一切，包括某种特殊的权利。18 岁，呼吸的似乎都会是更加自由的空气，还有什么能比这更令人兴奋呢？不过，当 18 岁到来的时候，我兴奋了吗？我感受到无比的自由了吗？或许有过，但我真的忘记了。记忆中，18 岁，那曾经被认为会是人生重要节点的日子，其实就那样平平淡淡地过去了，没有惊天动地，也没有刻骨铭心。

18 岁，大学一年级，那是北京的春日还会漫天黄沙的日子，那是校园里到处飘着姜育恒《驿动的心》的日子，那是日记中常常无端地冒出一丝感伤的日子，当然，那也是永远觉得明天的太阳会更明亮的日子。

18 岁，开始知道人生总是充满选择，开始学习如何选择。

说到这儿，我忽然记起，18 岁到底还是给我的人生留下了一点重要的印记。那是大一，播音专业的第一课，学习汉语普通话的标准语音。你无法想象那是怎样一种枯燥、机械、折磨人的训练！我要每天对着解剖图一般的“舌位图”，摆弄着自己的舌头在口腔里的位置，a o e i u v……放假回家，邻居家的小朋友一脸崇拜地问我：“大学里都学什么？”我告诉他们答案后，他们一脸鄙夷地给了我一句：“我们幼儿园里都学过了。”更痛苦的还在于，努力没有成果，我的语音总是不过关。每堂小课（专业课的一种形式，一位老师带几个学生，逐个辅导），我都是最后被老师留堂的那一个，a，不对！o，不对！e，不对！每堂课，最终的结果就是我近乎崩溃（也许老师同样崩溃）。久而久之，我开始怀疑自己当初的选择，我开始想是否该放弃。

很多次，熄灯后，在黑暗中，我计划和组织着明天去向系里提出转系申请时的措辞。很多次，起床后，觉得昨晚想好的话漏洞百出，今天还要硬着头皮去接受又一次崩溃。

但奇怪的是，就在这一次次的反复中，我已不记得是哪一天，我又要为自己模糊的记忆道歉了，或者，其实根本没有具体的某一天，只是有那么一个时刻，我忽然通晓了一切，过去每堂课的煎熬忽然就变成了享受，甚至在第一次全班的语音测试中，我拿到了唯一的满分。我开始相信自己，我做得到。问过自己，这是为什么？也许因为，在那一次次的煎熬和崩溃中，我至少还在努力，至少没有真的放弃。

于是，18 岁的那段日子，在我的人生中扮演的角色，就是每当想放弃的时候，会告诉我“再坚持一下，再坚持一下”。

当然，如果 18 岁，我放弃了最初的选择，也许今天另有一番天地。谁知道呢？人生本就充满了各种可能，18 岁的青春更是可以有无限的希望，这正是青春的美好与可贵。

我努力地回忆，仍然只能记起 18 岁的点滴。而且，我越来越觉得记忆这东西不一定靠得住，特别是要讲给别人听的时候。

向前走才能获得幸福和成就

新东方创始人、新东方教育集团董事长　俞敏洪

“自强之星”的起源比较简单，因为我觉得人在某一个阶段总是需要有人拉一把。我认为自强有两个概念，首先是自己要强，清华大学的校训“自强不息，厚德载物”，就是说明自己要强。其次，在自我强大的同时，在关键时刻要有人能够帮助你，和你一起共同强大，这也是我们拿出5000万设立团中央“新东方自强基金”的初衷。

大家都知道，一个人走可以走得很快，但是不一定走得很远，因为一个人太孤单，走到一定程度的时候不愿意再往前走，也不一定有人看得到你，所以就容易停止进步。如果是一帮人一起走，有两个好处：第一，你会愿意走下去，因为别人都往前走，你不走，就掉队了。掉队以后会很孤单，人是社会群体动物，愿意待在一群人中间，这群人都往远方走，你一个人不走就很难受。第二，你会受到鼓励，因为团队的作用是当发现有一个人落下来的时候，大家可以帮助你一起往前走。

在新东方有这样一个活动，凡是新东方的老师和员工，都要

参加50公里徒步行走。头一天下午开始走，一直走到晚上，举行篝火晚会住帐篷，第二天继续走。大家第一天走得很兴奋，第二天走得很辛苦，但是很少有人掉队，除非真的受伤了或者膝盖出问题走不下去，否则的话一定没有人掉队。我是属于暴走型的人，走到即使脚上磨出泡了，也会把泡里的水放出来继续走。只要是走到终点的人，最后谈体会都有两个感受：第一，从来没想到自己能走这么远，因为50公里不是短的距离；第二，从来没想到这样有成就感。

一个人干活，某种意义上是为了得到尊严和自尊，尊严是被别人尊敬，自尊是看得起自己。你自己真的把事情做得很好，就会感受到一种自尊。但有时你自己觉得好，别人不一定觉得好，你打游戏第一，别人不一定看好你，按照社会评价标准和社会价值体系，大家都说你做得好才能赢得尊敬。比如，陈景润一辈子待在家里研究数学，一走出门就撞上电线杆，因为眼睛高度近视，但他得到了全世界的尊重。即便一个人单干的时候，也要考虑做的事情对自己和社会是否有价值，考虑社会价值，有的时候是我们做事情的一个标准。

我们一旦选择做一件事情，原则上是必须做完的，因为做不完，最后会导致一种失败、失落的心态，一种挫折痛苦的心态，甚至是一种自卑的心态。当然，我们可以选择过一种安逸的生活，没有人强迫你一定要考清华大学，没有人强迫你考试一定要得高分，这个世界永远有选择。往前走会有痛苦，没有人不说高考是痛苦的，但痛苦为什么还要选择往前走？因为人为了未来某一个点，这个点可能是幸福点，也可能是成就点，愿意在现在付出。这就是我们人区别于动物的地方，人愿意为了未来在今天更加努力。为什么我们愿意忍受今天的痛苦？就是因为我们知道如果不付出的话，人生的未来会更加痛苦。幸福永远是一个点，而奋斗和痛苦是一条线，只有走完那一条线才能到达那个点。

比如爬山，从山脚往山顶攀登的过程其实是个痛苦的过程，因为会累，爬到山顶看山下的风景时就会感觉到幸福。当你站在山顶，看到远处有更高的山，你是飞不过去的，一定要再下山、上山，又会经历一个痛苦的过程。中国有两个喜欢登山的企业家都登上了珠穆朗玛峰，一是王石，还有一个是我的校友黄怒波。他们每次下山回来，都暗下决心这辈子再也不爬山了。但休息一段时间后，他们一定会再爬，他们征服的并不仅仅是山头。人来或者不来，山依然是一座山，山有自己的尊严，不需要人去征服。人为什么要征服山呢？其实征服的不是山，人是在征服自己，只有征服自己才会产生一种生而为人、生而为赢的自信和骄傲感。

我经常带新东方人到周边没有人烟的地方去徒步 50 公里，一般人走到 25 公里时就不想走了，这时有三个选择，第一是走回起点，是 25 公里；第二是坐在那里不走了，方圆 25 公里都没有人烟，不是饿死就是渴死，或者迷茫而死；第三是可以选择走向终点，也是 25 公里，还有香喷喷的烤全羊等着你。所以，人生最好的选择就是走向终点。

人生的 25 公里出现在什么时候？就在你们这个时候。你们这个时候，奋斗到考进大学，往回走走不回去，在大学不能不进步，唯一的选择就是往前走。每个人的生命目标不一样，你的生命目标是什么，你的生命对你来说是不是付出了努力，是不是得到了精神享受，是不是得到了心灵满足，这是非常重要的。关于未来，你可以是希望挣钱，希望出名，希望做企业，哪怕说想做和尚，都可以成为自己的志向。真正做成像弘一法师那样的和尚也是很了不起的，前半生享尽世俗生活，后半辈子穿破袈裟吃蔬菜，成为中国宗教界最伟大的人物之一。

其实这也是我们判断自强的一个标准。像金晶这样腿有残疾还能把中国的火炬传到世界，用最英雄的形象展示我们中国人顽强不屈的一面，这就是自强。心灵残废了，人生才最可怕。当身体健康，却心灵残废、精神残废的时候，才是最悲惨的时候。

对于自强结果的评判，不是未来拥有多高的社会地位、多么安逸的生活，而是在所有这些的背后，我们选择的事业对自己的意义和对社会的意义。什么样的事情是让你心灵满足的？对得起社会良知，对得起社会的普世价值标准，这就属于心灵的满足，就是对自己存在意义的肯定。从社会判断标准来说，做一个对社会至少无害、最好有用的人，是最低标准。做持续的英雄式的人物是需要修炼的，我们至少可以努力做到让自己变得更好，这应该是每个人可以做到的。

当我们已经在社会上获得了一定的成功，不管是财富上的还是其他方面的，我们就要有愿意付出的心态。大家都知道这样一个故事：一个亿万富翁到教堂捐一百万想进天堂，被上帝挡住了，另一个老太太捐了一毛钱就进了天堂。这个亿万富翁非常生气，为什么我捐了一百万不能进天堂，上帝为什么这么不公平？上帝说，你捐了一百万是你的百分之一，老太太捐一毛是她的百分之百，所以你进不了天堂，她能够进天堂，当然公平。我想我不会带着我的财富走进坟墓，我会把这个钱交给社会上最需要的人。当我想进天堂的时候，我希望上帝会说你没拿出百分之百，但是你拿出了百分之九十，够了，你进去吧。

不一样的选择，不一样的人生

北大国际MBA院长　杨壮

年轻人在追求事业的过程中，都在问自己一个问题：我这一生如何度过，我这一生如何找到自己真正喜欢、内心感到幸福的工作？这是每个人在成长道路上都会遇到的问题。

应势而变，与时俱进

整个社会进步的要求和呼声急剧增高，很大程度上影响着我们每一个人在职业生涯中的选择。互联网所带来的信息革命给年轻人提供了一个重大的选择机会，使得他们能够在这个多元世界中做出自己的判断。当然，这个判断的基础在于个人自身的价值观。如何在激烈的市场竞争中找到自己的核心竞争力，如何培育自己的核心竞争力，如何让自己在竞争中不被市场所淘汰，这是整个世界发展趋势对每个人提出的思考课题。我们刚才提到了价值体系，价值体系的变化表现为文化体系和价值观念发生巨大变化，而这些文化价值的变更对我们选择职业有很大的影响。我最近做了一些关于90后、80后价值观的调研，发现90后和80后确实有明显的区别，这些区别反映了时代发展的特征，也反映了时代对我们的影响。

形势发生了变化，与时俱进就尤为重要。如果对趋势变化不了解，对趋势发展不了然，那么在选择职业的时候就会有误差。有些人选择职业只是站在自己的角度，看不到组织要求，看不到发展趋势，这是大错特错，是选择职业的最大误区。具有国际视野、正直诚信、积极上进、有判断能力、有团队意识、有沟通能力和变革创新能力、同时掌握专业知识技能的职业人和领军人物才是现代社会急需的人才。

我们进入大学，就是在为将来进入职场、踏足社会做准备。在求学过程中，我们要时不时根据对自我的认知，找到培养自我能力和态度的日标与视野。

做自己喜欢的事

不管做什么事情，一定要做自己喜欢的。有人说，我可没有这么幸运，很多东西不是我自己想做就能做的。可实际情况是，你在对自己定位的过程中，做自己喜欢做的事情这个想法出现得越早，实现得就会越早。如果你连想都不想，就根本谈不上实现的可能性。

在职业选择的问题上，中国人特别是中国年轻学生，思想深处受很多传统文化的影响。举例说，屋子里面有五个人，其中有一个是公共意见的领头人，如果他说今天想去考研，其他人会马上报名考研；过了两天，他说考研没有多大意思，要去留学，其他人也会跟着去留学。这种现象在我的学生中相当明显。在国外，年轻人基本是跟着自己的感觉走，跟着自己的志愿走，跟着自己的需求走；而我们中国人则很看重别人的想法和决定，我们做决定受别人的影响相当大。因此，你做的事不一定是你喜欢的，而大家喜欢的事情不一定是你愿意做的。进入职场后，如果你做的事情不是你喜欢的，你获得成功和受到尊重的几率就会降低。

现在人们的压力太大，无论是在精神上、体能上还是思想上、知识上、专业上，压力都非常大。我们中国人往往在学习上抗压能力很强，知道怎么去学习，知道怎么去考试，但是不太知道怎么抵抗工作中的压力，不太清楚怎么解决压力下的心理问题。这也是需要正视和亟待解决的问题。

利他就是利己

当你真正帮助别人的时候，别人也会帮助你。这是稻盛和夫的核心观点，也是他在多年经营中一直追寻的双赢理念。

在竞争过程中，稻盛和夫永远不把对手打倒在地，永远给他人留有余地，在别人危难时经常伸出手帮助别人。而这样做的结局是，他也会得到别人真诚的帮助。在稻盛和夫被日本政府派去日航工作并被要求三年内赢利的时候，日本的很多公司都向他伸出援手。这说明了什么？如果为了一己之利，一个人把其他所有竞争对手全部打败，结局可能是最后什么也得不到。相反，利他就是利己，这是双赢和共赢的做法。

梦想＋天赋＋勤奋＝成就

在职业生涯过程中，我们有三个核心观点。

第一点，我们所做的一定是自己梦寐以求、真正想做的事情，千万不能只是做别人想让我们做的事情。有些学生对我说："我报这个专业是不错，但是我没有什么兴趣学，只是我爸爸喜欢。"这点在中国和美国的区别特别明显。我们中国家长对孩子的要求，用网络语言讲，叫"虎妈"，虎妈的要求和理念在中国极有市场。

第二点，你最好去做你拿手的或是有能力做的事情。去做你有能力和拿手的事情，重要的因素在于你有一个很好的自我认知。

第三点，我们一定要勤奋努力。否则的话，你即便有梦想和天赋，也很难真正取得成功。梦想、天赋、勤奋三者结合在一起，你的事业就可能比较成功，你工作付出的努力可能就会得到社会的承认，你做出的成绩可能就会高于中间值。这三者缺一不可。如果你有天赋，但这不是你梦想的职业，你绝对不会花99%的努力；如果只有梦想而没有天赋和能力，你可能花120%的努力也难以成功；如果你有梦想和天赋，但没有勤奋努力的品格和品质，你就会荒废自己的价值。

梦想是价值观，天赋和能力是认识论，勤奋和努力就是方法论，三者缺一不可。所谓方法论可以有很多技能，我把勤奋和努力放在最前面，我们强调自己的主观能动性。三者如果都有，我们的职业生涯就会取得成就，我们的幸福感就会很高，否则就只会有平淡的职业生涯而没有成就。梦想成真的价值取向，核心问题是选择或放弃，我希望诸位在年轻时候真正去选择自己最想做的事情。

找到自己的真谛和位置

天赋一定涉及到知识，涉及到素质，涉及到能力。要知道自己做的事情是否适合自己，一定要有一个良好的自我认知。我有一位女同学，学习很好，人也很好，她的梦想是成为投资银行家。但是我在跟她的交流中发现，她身上不具备投资银行家所要求的素质。投资银行家的首要素质就是对数字的直觉，反应能力要快。投资银行家主要是跟人打交道，在最短时间内取得别人的信任，因此沟通和交流能力也十分重要。这位女同学对数字不敏感，与客户沟通交流的能力也不行，最后当然没有实现成为投资银行家的梦想。

每个人都要努力找到自己的真谛，找到自己最喜欢的工作，明白自己的长项，知道自己的短板。求学、就业等一些选择应该由自己来做，而不应该由父母或其他人来做。我发现经常有一些孩子会抱怨父母："当初就是你们让我这样做的……"我觉得不应该抱怨父母，当初让你这么做，是你自己要这么做的，现代社会如此多的工具和信息，你自己不做决定，谁来决定？你自己不对你自己负责，谁来对你负责？你自己不了解自己，谁能更了解你？我们有鸟巢、水立方，有高速公路，这是现代化社会的硬件体现。现代化应该随之有一个软件系统，我们一定要在现代性方面提高我们的素质。作为一个公民，作为一个现代的人，应该具备独立见解、独立思考和独立判断的能力，这一点是现代人的重要标志。

任何人都要有企业家精神

创业是一种责任，创业是一种理念，创业是一种信仰，创业是一种价值。企业家精神是创业者的一个重要组成部分，成功企业家都应该具备独特的企业家精神。企业家精神应该在任何人身上都存在。永远对自己喜欢的事业充满激情，充分发挥自己的优势，心里不担心失败，努力并勤奋工作，积极地建立社会网络，自律自控……这就是企业家精神。企业家精神对一个人的成长有重要影响和深远意义。

乔布斯给我留下很深的印象，我个人认为，苹果手机和其他苹果产品颠覆了世界。苹果公司至少对三家跨国公司带来冲击和影响，第一家是微软，第二是索尼，第三是诺基亚。诺基亚在芬兰经济收入中所占的比例是 20%，诺基亚的股票一动，芬兰的 GDP 就受到影响，甚至出现国家经济危机。在某种程度上，乔布斯已经影响到国家的安全。乔布斯有自己的核心价值和理念，他在斯坦福大学演讲时说：“提醒自己快死了，是我在判断重大决定时最重要的工具。”乔布斯在身患重病的情况下仍然带领企业往前走，搞创新，这种精神实在值得我们每一个人学习和反思。

德蕾莎修女是另一位伟大的人，她把一生献给了穷人、病人、孤儿、无家可归者和垂死临终者，她自己的全部财富就是一部电话和三套衣服。

稻盛和夫创造了两家五百强企业，世界上只有他创造了两家卓越的企业，同时他自己提出很重要的理念——关注众人的核心就是爱戴周围的每一个人，敬天爱人就是按照事物的本质去做。这是他带给我们的理念。

企业家精神是一种素质、一种品质，它包括梦想、使命、激情、创新、执著、务实、专注、胆识、刚毅和勇气，敢于追赶潮流，敢越雷池一步，敢于承担社会责任。无论在何种环境，每个人都要发扬自己的企业家精神。

品格决定人生

在职业选择中，我们要有自己的个性和品质，没有个性的人是可悲的，没有品格的人是危险的。决定性格的因素中有50%以上来自于父母遗传，这个很难改变。一个人是外向还是内向，是细腻还是粗放，很多情况在你出生时已经决定了。性格决定命运，性格中的很多特质在职场可能给你带来机遇和成功，也可能给你带来灾难。你一定要知道自己性格中的长短利弊，而且要找到改善自己性格的方式。

我自己强调品格决定人生。品格是指人一贯和稳定的心理特性、思维和行为方式，比如勇敢与懦弱、正直与欺骗、谦逊与傲慢。品格也是构成人格的一个重要组成部分，它是人格中涉及社会评价的那部分内容，受环境、历史、文化和情境的影响更多。对一个人而言，比较有影响力的品格首先是开明。

卓越领导有十大特质：坦诚、有能力、向前看、鼓舞人心、公平公正、聪明智慧、心胸宽阔、勇气、直来直去、富于想象，这是对全世界国际领导者调查后得出的结论。领导者的品格魅力是什么呢？是激励员工完成组织目标，影响下属发自内心地、积极主动地去完成工作。这种影响力从领导者的个人魅力和气质中折射出来，反映在精神、视野、判断力、专业知识和品质魅力等方面，并且跨越时间和情境。

西点军校一直是我们的楷模，西点军校的口号是：培养有品格的领袖和领军人物，追求真理，评判是非，在行动中表现出勇气和承诺。品格不仅涉及伦理道德的最高准则，同时包含坚定决断、自我约束和判断力。西点军校推崇自信、勇敢、坚韧不拔、勇气、坦诚、幽默、创造力，它并不是简单的机械军校，还强调幽默，强调成熟，具有灵活性，更强调人生中的换位思考。西点军校前校长 2004 年曾到北大演讲，他讲政治，讲军事，讲文化，讲外交。讲外交的时候，北大学生给他提出很多尖锐的问题，比如美国的外交标准等等，但是他的回答极为智慧和艺术，把北大学生镇住了。做一个复合型人才、综合性人才，是西点军校给我们的重要启示。

态度决定一切

态度能成就一支队伍，也能摧毁一支队伍。我们在做职业规划的时候，首先要改变自己的态度，改变自己的思维和心智模式。技术对我们来讲很重要，但如果我们内在的心灵不改变，便很难取得成功。所以，稻盛和夫讲，成功 = 能力 × 努力 × 态度。最伟大的能力是征服自己，最重要的素质是内在驱动力，最伟大的技巧是超越自我的能力。成功的先决条件是不厌其烦的努力。

最后我要说的是，最大的敌人是你自己，最大的能力是驾驭自己。你能够真正驾驭自己，在任何情况下就都能够转危为安，实现你的个人梦想。

（2010 年 4 月 15 日，“未来中国·领军人物大讲堂”走进对外经济贸易大学）

年轻就是希望

怡盛集团董事长　黄平璋

日前看到台湾大学李嗣涔校长为了勉励毕业生，把企业界友人写给他的《十四点给社会新鲜人的建议》摘录整理后，转寄毕业生。他说，企业界普遍认为台大学生最需要加强的是团队精神、工作态度、沟通协调、抗压能力，不要太在乎薪水，不要准时在四点半下班等等。不料却引起台大学生一阵挞伐声浪及正反两方的舌战。看到此，我个人实在有些感触，真是忠言逆耳。现代年轻人应有自我修炼、坦荡磊落的胸襟，不为小利争高下、不为小事论长短的气量，及宠辱不惊、笑看庭前花开花落的气度，如此才能具备更高更远的视野。气量、气度将决定你的高度与深度，而格局有多大，你的未来成就就有多大。

庄子在《逍遥游》里曾说过这样一则寓言故事：很久以前，在北方的海中，有一只很大的鱼，名字叫“鲲”。这种鱼的身体有数千里长。经过几千年的演化后，“鲲”蜕变成大鹏鸟。这种鸟的身体也很大，它的背就有几千里长。因为翅膀太大，鹏不能一下子就起飞，必须顺着海面飞行；然后鼓动翅膀，迎着大风，直飞天空，离地九万里。大鹏鸟飞到南海，一住就是半年。有一种小鸟叫“学鸠”，当它看见大鹏鸟在天空高飞时，就笑大鹏鸟：“我们这些小鸟儿，要起飞就起飞，要降落就降落，不必像你们这种大鹏要等待起风时，才能顺风向而飞行。再说，我们这种小鸟儿，高兴时，就飞到树上，有时也可以飞到地面，何必要像你们飞到九万里的高空上？”

庄子讲的这则寓言故事是要告诉我们，大鹏象征有渊博知识的“大知”，小鸟儿象征的只是拥有浅陋知识的“小知”。我们时常会以自己的“小知”去判断“大知”，而这样的判断常常会造成一种“偏见”。这就像一种早上才出生、夜晚即死亡的小虫，它就不知道一年四季的不同变化。

所以，年轻人读书求学，除了要植基于丰富学养、培养高尚的人格与品德外，更应勤于自律自省。曾子曰：“吾日三省吾身，与人谋而不忠乎，与朋友交而不信乎，传不习乎？”如此方能具备宏观的视野、严谨的逻辑思考、正确的判断力、明快的决断力与丰富的创意发想能力等特质，而这些特质绝大部分都不是天生就拥有的，靠的是后天长期不懈的自我修炼。荀子云：“人性本恶。”此句话的涵义，并不是指人的恶性无可救药，而是强调人要靠后天的努力来修正自身的缺点，一直到至臻完善为止。

以我个人为例，我在金门出生，家里也没有特殊人脉，我在国中时爱逃课、打架，成日流连台球店，让父母亲非常头痛。联考重考时，分数还退步 200 多分，几乎没有学校可念，最后勉强分发到复兴工专电机科就读。这种入学时成绩勉强过关、等着被分发、被很多人看不起的那种耻辱感，对我反而是一大激励。入学之后，我开始拼命念书、领奖学金。毕业前我已经考取 8 张水电职业证照，也为日后创业打下了基础。除了拼功课，各种跟水电、家居修缮有关的苦工，如油漆工、电焊工、搬运工、维修工等我都做过。被别人看不起的刺激，让我从年轻就发愤想要成功。“想比别人成功，就要比别人更努力。”在懂得这个道理之后，我做任何事情都会心甘情愿。退伍后，我考进国泰集团的树德工程任职。别人拿 12000 元的薪水，而我的薪水是 30000 元，比别人高出一大截——因为我每个月加班时数高达 100 多个小时。有一回在台北忠孝东路名人巷有个建案要验收，我从清晨 5 点蹲到晚上 11 点，查找出 1000 多个缺失。

这些奋斗的经历与自我的不断修炼，正是奠定我日后一手打造出台湾最大的物业管理集团的基础。现在，台北 101 大楼、宏盛帝宝、信义之星等两岸的高端物业都是我的客户。所以，想要鲤鱼跃龙门，就要比别人更拼命！现在我虽已至知天命之年，但仍不断加强自我学习，陆续完成了台湾政大企研所、上海交大 EMBA 的学业，目前还在北京社科院金融博士班就读。因为我对人生怀有梦想，除了追求事业、家庭的圆满外，也希望有更多的能力回馈社会，丰富我的生命。

伟大的成功和辛勤的劳动是成正比的，有一分劳动就有一分收获，日积月累，从少到多，奇迹就可以创造出来。反之，如果光靠天赋而不去勤奋耕耘，也没有拓展自己的视野、见识与格局，就会变得不知所终。所以拥有大担当、大襟怀、大涵养、大见识的年轻人，只要确定目标，一定可孕育出一个伟大的成就。

身为现代化的青年，对未来应该有所期许。古云：“读圣贤书，所为何事?”其实就是古人所说的“诚心、正意、修身、齐家、治国、平天下”。“诚心、正意、修身、齐家”就是要把自己及家庭管好，这件工作其实并不容易，而且随着时代的变迁也会有新的诠释与思考。首先应该重视健康与养生，有健康才有一切，不要因为年轻而忽略了自己的身体保养；其次，要培养高尚的道德情操，使自己有为有守；第三，要加强专业知识，多读书、多研究，培养专业的核心技能，使自己成为有学问的人；第四，多关心国家与全球大事，使自己成为有贡献的人；第五，要了解世间有情众生的疾苦，行善积德，发扬自己的善心，使自己成为仁慈的人。

最后我以明代吕坤的《呻吟语》中所提及的“四看”，即“大事难事看担当；逆境顺境看襟怀；临喜临怒看涵养；群行群止看见识”，作为给所有青年的结语。一个人在面对大事、难事时所表现出来的是他的魄力；在面对逆境、顺境时所表现出来的是他的气度；在令人或喜或怒或哀或乐的事情面前显现出来的是他的涵养；在与其他人一起时，他的言行举止中透露出来的是他的见识。而这种担当、襟怀、涵养、见识，我认为正是一个年轻人应穷其一生去努力学习的。

年轻就是希望。中华民族的青年人都是未来国家、社会乃至民族的重要领袖人才，在面对全球化、知识经济时代及复杂的国际关系时，一定要具有正确的核心价值观，这样才会有正确的应对态度，才能使自己立足于当前竞争激烈的社会；另一方面也可借由自己的力量，从各个层面影响社会风气，使人生丰富而无憾。

Ⅲ　奋斗改变人生

我们这一辈子，到底会走到哪棵树前面停下来，会在哪座山脚下看风景，我们是不知道的，生命会有很多的改变。

完善自我，主导命运

天津天士力制药股份有限公司董事总经理　李文

21 世纪是知识经济的时代，对相应人才的需求量日益激增。能够进行知识创新、毕业直接从事高层工作的人只是极少数，大多数毕业生都去了一线，从事技术开发、应用和生产管理工作。如何提早动手，在学习理论知识的同时，积累社会经验，提高职业技能的转化能力，锻炼心志品德，培养解决实际问题的应用能力，如何为自己的职业生涯或者是创业生涯提供一个良好的开端，是每个大学生都在思索的问题。

以社会需求为中心

说起就业，首先要谈的便是对供求关系的理解。供方就是在校的大学生，社会需要你们，但真正需要从你们身上获得的是什么呢？

首先是学习能力。学习就是把一件事情从想象到实践、再到得出结果的全过程，这里面带有很强的操作性、创造性和悟性，而不是我们传统意义上的坐在课堂上听课、做笔记，那充其量只是纯粹被动的接受。作为学生，如果只是被动地接受知识，那么必定就不能实现自由发展，无法释放自身具备的潜能和创造力。所以，接受知识只能算是学习的低级层次，只有当学生成为学习的主体，真正地主动学习，才能有自由的发展，才能达到学习的更高层次。因此，这里应该把学习理解为自主地学习，自主地获取知识的能力，或者将其表述为通过观察和模仿，将他人领先的做法转化成自己的方法的能力。

其次，是知识的转化能力。在校园中学到的专业知识，很多是跟实际工作相脱节的。就我自己的实践经验来看，在校生现在学的知识在企业中能运用上的也就 10%，即便是专业性很强的岗位最多也就用上 30%。这时，知识的转化能力就尤为重要了。因为在企业中，学习的目的不再是为了毕业，而是为了创造价值，赢得额外的利润，追求更高的效率、更低的成本、更高的质量。如果缺乏这种转化能力，拥有再多的理论知识都是无用的、没有价值的。你的知识能不能转化为实际影响企业效率和价值的因素，决定了你的知识的本身价值，也决定你在企业里的价值。

第三是人际交往的能力。任何社会组织都是一种分工协作的组织，讲究人际关系的处理，如沟通、协作、分享，这恰恰是我们大学生比较缺乏的，在实践中同学们往往在这方面吃亏较多。如果你不会说话，或者你很少说话，或者说话的时候不考虑对方感受、组织氛围、前因后果等等就直抒胸臆，在学校有可能被大家理解为有思想、有创意，是个意见领袖，但是在企业里面，定义就完全不同了。因为企业是一个合作的组织，如果沟通不当，不但会给别人发出错误的信号，让别人对你的判断产生偏差，还会造成组织整体对你的误解，很可能给你事业起步的第一个阶段增加一些阴影，对你造成心理上的负担和压力。

第四是较强的动手能力和执行力。动手能力强调的是能够解决问题，而在解决问题的过程中，所应用的知识就不单是书本上的知识了，还要有一定的常识。在解决问题时，你就相当于是一个组织者或一个领导者。通过解决实际问题的锻炼，创造实际价值，培养动手能力、执行力，它将是你未来展现给社会、展现给企业的亮点。

当然，还需要具备勤奋、积极的态度和健康的心理素养，以正确的心态看待失败，以正确的心态看待别人的成功。

创业不是赌博

创业，我认为要看个人禀赋，包括个人的兴趣、人脉、激情和组织能力，另外就是风险偏好。创业要有一定的基础，也就是一种资本的投资，这个资本有可能是金钱、创意，或其他的社会资源，比如你的朋友、亲戚、同学，又或者是一个商业机会。中央电视台曾经介绍过一个大学生创业的例子。每个大学生入校前都要军训，军训完用不着的迷彩服怎么办？重庆大学有一个学生，专门收购迷彩服，五块钱一件，收了以后洗干净，十块钱一件在旁边的工地上就卖了，这就是创业。他拿着卖衣服赚的几万块钱开了一个房屋中介公司，雇了六七个员工，而那些人家庭条件都比他好，现在却都来给他打工。以他为例，创业也不是大家想象的那么可怕。没有资金，没有人脉，没有信息，不要紧。只需要有这么一双善于观察的眼睛和一个想要成功的决心和激情就已足够。但是这种简单的炒卖没有持续性。所以，第一次创业成功并不难，比较难的是能够使之变成一种模式，带来稳定的可持续的成长和回报，这就是我想讲的创业。

创业首先要有执著的兴趣和激情。你不要觉得自己无法就业才去创业，那样多半会加速失败。相反，从一进学校就知道自己未来要做什么，并进行合理的规划、系统的培养，成功的几率便会大增。

创业还要有不怕失败的决心。95%的创业都是失败的，剩下的5%过两年大部分也失败了，从创业起一路成功的案例几乎不存在。创业的过程就是一个不断失败的过程。没有这么一个心理准备就贸然创业，只会把自己弄得更糟糕、更沮丧，甚至对自己失去信心。所以，在创业之前，先要自我审视一下，是否经得起打击，是否经得起别人投来的种种目光。创业是艰苦的，别人可以拥有一个舒适明亮的办公室，你却可能不得不从一间破旧的库房起步。所以，要经得起社会的评估，就不要指望着穿得光鲜、过得安逸，要做好吃苦的准备、被别人误解的准备、内讧的准备，甚至是可能到头来一无所有的准备。如果创业失败的话，必须进行分析，必须评估是否有再来一次的可能。千万不要有赌博心态，切忌拿自己的后半生和信誉去赌博。

学会研究问题

大学毕业生首先要了解自己的优势所在，思考如何将优势最大限度地发挥。从现在开始，大学生要为未来做多方面准备。

首先要将所掌握的知识与实际相结合。在校生可以充分利用互联网上的资源，了解企业内部发生的事情和矛盾冲突等信息，不断地熟悉它、了解它，并利用已有的知识去判断企业存在的问题，尝试着用自己掌握的知识、技能制定可行的解决方案，通过模拟实践锻炼组织能力、研究能力和沟通能力。这些能力是一种无法被量化却极具价值的高级生产力。如果大学毕业生具备这些能力，完全有可能在很短的时间内成长为高级的管理者。

此外也不要忽视组织能力的培养，它能让人受益终生。研究能力考验我们有没有基本的逻辑能力。如果在组织能力上和他人持平的话，在研究能力上就可以拉大与对手的差距。具备研究能力的人比旁人看问题更准，分析问题更深入，拿出来的解决方案更有针对性。

综合来说，刚刚毕业的大学生，最容易让自己脱颖而出的优势就是研究能力，因为在组织能力方面，你们并没有很多时间做相关实践，这方面的经验普遍是很欠缺的。但至于研究能力，你们完全可以通过大学把它培养好。举例来说，我公司里新招的一位大学毕业生进行了一项关于三个和尚没水喝的原因研究，研究出来一个出人意料的结果。他的结论是：这三个和尚并不是想占别人的便宜，而是道德相当高尚的人。为什么呢？因为如果三个和尚中的任何一人去把水打上来，他这个行为就会陷另外两个和尚于不义。他俩会被世人认为是尽占便宜的人。这是一个在理论上能解释得通的研究结果，在现实中就很多。比如，有好多人，明明是好事为什么不做，就是因为也有这个想法："我去做了，显得我好像是好人，那不是显得我同学不是好人了吗？这事我还是不要做了吧！"这样的研究分析很有创意，也具有现实意义，被一名新毕业的大学生揭示出来，而且就是我们工作中的案例，平凡中见智慧，我最后号召我们全公司的人向他学习。这位大学生就用这样的方式使自己脱颖而出了。

不计较一时一地之得失

接下来是有关品德的看法。首先要做到“礼”，就是尊重，而且是发自内心的尊重，这本身就是一种回馈、一种反应，或者说是一种感恩。第二个是“诚”，这里谈的“诚”必须是有一个时间长度作为前提的，不是某时某地做了一件事，就是“诚”了。路遥知马力，讲的就是要有足够长的时间来检验是不是“诚”。第三个是“情”，不是谈情说爱的情。这个情讲的是要懂得感激，懂得珍视别人给予的好处，要有同情、扶弱的心，要有公平的信条和正义感。这些品德在学生时代都可以培养，却往往被人们忽视。企业已经不单纯地将这些品德看作是个人修为，而是将其视为个体与企业文化融合的关键，没有“德”的“才”，哪个组织都不需要。

最后是态度，这里面有一个典故，叫入先出后。坐怀不乱的柳下惠有一个做江洋大盗的弟弟跖，孔子去说服跖重返正道时，跖给出了“盗亦有道”的答复：首先要“知可否”，即确定能否偷某户人家，之后还要强调“入先出后”。“入先”是要证明我勇，我是第一个进去；“出后”证明我义，别人先走我垫后，我讲义气；最后还要均分，偷来的东西不是我一个人独占，而是兄弟们平分。这样做就有可持续性。打个不太恰当的比喻，我讲的就是这样一种态度。如果在企业里面，作为新人有困难往后退，有利益往前冲，企业肯定是不喜欢的。但是这个时候有困难往前冲，有利益当然也别往后退，就是做出“人先”的表态也行。舍与得，有与无，要有一种高超的智慧。短期看，跖获利少，但他是首领，为了长远的利益而放弃了短期的利益。遇到利益冲突的时候，有这么一个观念对长远的发展大有裨益，尤其当你遇到有长远眼光的领导时，被发现的几率就大得多。

现在的大学生多是“人材”，就是作为人才前期的材料，还是一个材料的“材”。以后经过社会历练和自己的成长学习，才会变成人才。只要不断地发展，追求的目标就会增多，肯定会创造并拥有更多的财富。那个财富就不再是单纯的金钱，而是精神财富和物质财富的综合。只要拥有这样的理想信念，你我都会成为那样的人。

最后与大家分享一句话：格物，致知，诚意，正心——追求事物的真理，把它变成知识，变成可用的有价值的东西；要让自己有一颗真诚的心，有一个诚实的态度；心里不要有杂念，要有事业心，正直的心，不要有害人心。接下来就是修身、齐家、治国、平天下。其实后面还有一句，叫明德于天下，这才是人生的终极目标。希望大家都有这样的梦想，并将其转化为现实。

（2010 年 10 月 28 日，“未来中国·领军人物大讲堂”走进河北工业大学）

长空不碍白云飞

未来中国创始人兼总干事 王红

古人有诗：近乡情更怯，我想大家能够体会我的心情。收到母校的邀请，我是既高兴又忐忑：高兴的是能够跟母校有一次亲近的机会，母校毕竟是一个人的文化原点和精神故园；忐忑的是人们常说的境界是衣锦还乡，而我还是两手空空，刚刚起步。但我是怀着一颗赤子之心来跟校友们见面，来回馈母校的。

我今天跟大家交流的题目是“长空不碍白云飞”，我想用这个题目来跟师弟师妹们共勉，希望我们都能够拥有广行天下的情怀和壮美人生的豪情。

我是北大（BiMBA）2003 级 EMBA，在 2005 年的毕业典礼上，时任北京大学中国经济研究中心主任的林毅夫先生为我们做毕业致辞。他引用孙中山先生的话说：“有百千人之能力者，要为百千人服务；有万千人之能力者，要为万千人服务。作为一个知识分子能够受到比一般人更好的教育是幸运的，所以要比一般人对这个社会负更多的责任。”林老师的这句话就像明灯一样一直照亮着我毕业以后所走过的路。我不会为眼前的掌声所迷惑，也不会为脚下的泥潭所困厄，我一直在寻找自己能够最大化地为社会承担更多责任的路，找到一件自己喜欢做、自己能够做、对社会更有意义更有价值的事情。“未来中国”就是我的方向，就是我的使命。7月6日当“未来中国”在上海世博会揭幕的时候，我想起了一句最动情的话：“此生只为这一天”，这句话也是我对自己所说的最动听的情话。

积　累

2008年，我当时在欧美同学会2005委员会做秘书长，慈善并不是我的本职工作。我当时发起了一个“寒冬送暖”的活动，并写了一首小诗配图发给大家：

当凛冽的北风吹打着我们的脸颊，

您可曾想到，不是每个人都有着温暖的家。

圣诞的花烛即将点亮，新年的钟声也将敲响，

您的举手之劳就能把爱播种到他人的身旁。

一床家里闲置的棉被，

一件您可能早已想不起来穿的衣裳，

却能给寒冬带去温暖如阳光。

让母亲舒展愁苦的脸庞，

让孩子开心的笑荡漾。

当春节的鞭炮声响，

爱与温暖的灯在家家户户点亮！

这个活动最后汇聚了特别多的捐助，给许多人带去感动、带去爱、带去关怀和实实在在的帮助。那个时候给我一种很震撼的感觉。平常可能每天忙于自己的日常工作，我们不会特别有意识地计算和意识到自己拥有的力量和资源，而这个活动让我一下子意识到，在足够多的能量和资源背后，我可以为他人、为社会做得更多，通过我的手可以让这个世界更美好。这些资源和能量如果不发挥作用的话，是一种对生命价值和意义的浪费；如果不用在正事、大事上，它又是一种亵渎。

除了资源的积累，我觉得还有经验的积累。我的本科是学国际新闻的，我一直从事媒体工作，并曾在欧洲常驻，潜移默化地形成了一种国际视野。2000 年回国后，恰逢北大国际 MBA（BiMBA）初建，我在这里做了五年的公关与市场推广主任，负责整个 MBA 教育项目的推广，包括这个品牌的初建与推广，及 MBA 教育传播体系的拓展。除了做 MBA 项目，我当时还负责了很多其他培训项目。这些培训项目和教育项目使我看到了教育实实在在带给一个人的深刻变化和巨大影响。

2005 年 EMBA 毕业以后，我去了《财经》杂志，在那儿工作了一年。虽然时间很短，但是《财经》杂志的“独立、独家、独到”的宗旨融进了我的血液里，所以对后来的职业选择，我会有自己的想法和判断，跟随自己的心，不为周围的东西所迷惑、所盲从、所困扰。

2006 年，我来到欧美同学会 2005 委员会。这是一个高端的海归精英的组织，成员是国内各行各业的海归精英。他们聚在一起，主要是做给国家献言献策的“智库”工作，同时给各个行业起到一个高端联谊的作用，也是搭建一个东西方交流的平台。那个时候，它像一个尚在襁褓中的婴儿，刚刚建立。我接手以后，从它的初立、创建、发展，到最后使它能够在业内有相当好的影响力，我付出了巨大的努力，在这中间我也积累了丰富的NGO的运作经验。

大家从我的发展脉络能够感觉到，无论是职业方面的各种选择，还是每一段的生活、每一段的履历，所有的积累好像都是为了一件事情，都是为了今天，真的是“此生只为这一天”。积累其实有两种，尤其对创业者来说，一种是货币积累，即货币资本的积累，还有一种是社会资本的积累。对我来说，可能更多的是一种社会资本的积累。

当我创建“未来中国”的时候，各位创始常务理事、理事慷慨捐助了前期启动资金。而且初创时，大部分都是个人出资来参与的，这是很不容易的。有一位创始常务理事，他不仅拿出个人的积蓄，还把自己的太太介绍到“未来中国”做志愿者，这让我非常感动。这位发起人曾经给我画了一个图，他的老家是一个可能在中国地图上都找不到名字的小村子，他们全家的人均月收入仅3美元，但是今天他一个人走遍了全世界，自己的月薪已经不知是3美元的多少倍。他说所有的变化只来源于一个词——教育。他在自己身上清楚地意识到教育对一个人、对整个家族带来的变化是多么大，教育可以改变命运。所以，他从心里真正认同“未来中国”所做事情的价值。还有一位发起人，他是革命烈士的后代，他也特别认同“未来中国”的主旨，他说我们虽然不是特别有名气，人生也即将走了一半，但拥有的丰富的人生经验可以跟更多人分享，做“智力公益”是对社会效应的最大化的发挥。

2010年3月，我写了两页纸的“未来中国”的筹建草案，从整个前期的筹款，到7月6日在上海世博会的揭幕仪式，其实不过就是百天的时间。但是百天之内，有一百多位社会各界精英加入，还有许多善款支持，这种信任确实是我多年来扎扎实实做事、踏踏实实做人积累下来的，大家认同“未来中国”这个事情的价值，也相信我能做成，所以能够把自己的钱放心地交给我。

格　局

甘地说过一句话：You are the change first then create。我觉得他说得特别好。我们来探讨创业的时候，每个人都会想自己要做什么，你自己本身先有这个变化，然后你才能去创造。改变自己，然后创造机遇，你才能去配合这个机遇。下面我想谈谈我对格局的理解。

星云大师和刘长乐所著的《修好这颗心》中有一段话：格局是一种志向。大格局会把人带入一个努力向上的全新境界，大格局之人志向远、境界深、底缊厚、胸襟宽，成功自志向中来，智慧从境界中来，学问从底蕴中来，助力从胸襟中来。大付出才有大天地，大作为才有大格局。

我自己理解的“格局”其实就是发心，“帮助别人应该是你每天发自内心的需要”。“未来中国”的的确确是我们的发心，就是想帮助别人，发自内心地帮助别人，这成为我们内心的一种需要。就是这种需要，让我们，包括我自己，还有我的整个团队，大家心甘情愿为“未来中国”的这个事业废寝忘食，奔波劳碌。“让我们聚合的力量，散发如太阳般的光芒，让更多人的生命更加欢欣”，这个是“未来中国”的主旨，这句话就是我们的发心。

“未来中国”做的是智力公益，我们希望与社会各界贤达以自身的国际视野和生命实践为中国的青年带来务实的引领和启迪，传递思想，分享生命，助力成长。从我最开始的阐述，到我们整个活动举办起来，我们确实得到了社会各界大德的扶持和鼓励。“未来中国”创建之后，南怀瑾先生题词：“再造中国，走向未来。”拿到这个字的时候，我心里想，“再造中国”这个词太大了吧。我觉得都不敢接受，而且当时也不是特别理解。但是随着我们的活动做下来，看到那些学生给我们的来信，我从字里行间真真正正体会到了老人家的大智慧。还有林毅夫先生，他在美国，他的工作繁忙程度可想而知，但是我们为此事来回通了几次邮件，他说：“传递思想，分享生命。成功者以自己的生命实践引领下一代的成长，未来中国这个创意正是时代所需。”这个也能看到林毅夫先生的智慧。

责　任

看看网络上曝光的那些关于中国大学生的种种负面新闻，大家就知道我们所做的事情的的确确正是时代所需。我给北大国际关系学院的袁明院长发了几封学生的来信，她说：“看到你发过来年轻人的信我非常感动，我在北大课堂上也经常收到学生的信，问学的多，而我认为最重要的还是做人，你们做的事情是点到了问题的根本和实质，这是未来中国最需要的。”大家的赞叹和鼓励给了我更大的信心，我不断地坚定自己，觉得这个路走得对，是应该继续往下走的。

“未来中国”究竟给学生什么？其实就是回归到“礼义廉耻”这四个字。“礼”是规规矩矩的态度，“义”是正正当当的行为，“廉”是清清白白的辨别，“耻”是切切实实的觉悟。我希望通过所有的讲座让学生们有一种人人同体、万物同根的见地。当财富更多，我们更在意精神；当知识更多，我们更寻求价值；当世界越来越虚拟，我们更在意面对面的沟通。我们最终的目标或最需要的力量不是成为某某人物，而是具有能够帮助他人的力量。我们主要是到二三线的城市，因为客观上来说，北大、清华、人大这些北京的大学资源已经非常多了，我们到二三线城市，那里有很多的新校区，资源也相对较匮乏。

每次收到学生来信，我觉得我们的辛苦都得到了回报。有学生在来信中说：“我们身在大学，心却渐渐远离社会，我们追求的只有自己，我们忘记了他人，忘记了对这个世界所付出的关怀和爱，所以我们是激情而冷漠的，我们是饱学而无知的，我们需要在讲座后去思考自己和社会、梦想和责任、人生和关爱……”也有学生说：“我们这一代人多需要引领啊！在这个没有大师的年代，我们需要一些前辈，需要一些长辈。他们的品格素养、他们的理想追求能够给我们勇气和鼓励。我们愿意懂得、了解现实的冷漠和阴暗，更希望有一些美好、一些崇高让我们虽不能至，心向往之。而有越多这样向善、向上的力量所引导的年轻人，也才越有再造中国的可能和希望，不是吗?”

我们一些导师去演讲，他们回来之后，给我们发短信，鼓励我们一定要坚持下去。这些导师们要花精力去准备讲座，然后车马劳顿、风尘仆仆地赶到大学，花时间去讲，还没有一分钱的报酬——“未来中国”所有的讲座全部都是公益的，可回来以后他们还跟我说：你一定要坚持，你一定要坚持下去！他们能够亲身地、面对面地感受到来自于学生的激情和力量。我想无论是这些学生还是导师，都是“未来中国”事业的支柱。

未　来

我在2009年参加达沃斯世界经济论坛的时候，有一个日本学者说，未来世界经济的模式是从商品经济转成志愿经济。商品经济是以利润最大化来作为驱动力的，志愿经济是以满足人们的精神需求为最大驱动力的。现在整个社会从事NGO的人已经越来越多，中国会从一个富人公益转向全民公益。

《如何改变世界》的作者伯恩斯坦这样定义社会企业家：为理想驱动、有创造力、质疑现状、开拓新机遇、拒绝放弃、构建一个理想世界的人就是社会企业家。我理解的社会企业家必须要有两点：有创新意识，能整合资源。林毅夫先生说过，一个人一定要有为国家、为社会的大目标，有了这个大目标才不会在意一时的成败，才不会迷失生活的方向。他是一个坚定而认真的实践者，我相信我自己也是一个理想主义的践行者。一名草根NGO说过这样一句话：在我心里，能够将民间公益坚持做下去的人都是勇士。我自己愿意做一个开拓者和探索者。“自反而缩，虽千万人，吾往矣。”意思是说，你自己认定了目标，即使千万人阻挡你也无可畏惧，自己要勇往直前。这句话也是林毅夫先生经常引用的。我希望自己能够有林先生这种以天下为己任的人生信条，做一个对人类文明和社会道德有积极贡献的社会企业家，对得起生命，也无愧于母校！

（2010 年 12 月 18 日，北京大学校友会）

青年人的房子在哪里

万科集团执行副总裁、北京万科总经理　毛大庆

“青年人的房子在哪里”，这个命题很难讲。今天晚上无论讲到哪里，都解决不了你们明天房子的问题。中国的房地产如何走到今天，这涉及到社会各方面的问题，包括国家发展过程中的种种问题，我想有必要跟同学们进行沟通和交流，告诉大家在我眼中，中国房地产是如何走到今天这一步的。

从福利分房到商品房

新中国的房地产历史可以分为福利分房时代和商品房时代。福利分房时期，当时的年轻人不会困惑房屋在哪里，国家会解决住房问题。如今大家似乎觉得房子很难买，实际上在今天，中国私人拥有房屋的比例在全世界仍是数一数二的，达到80%以上。我说的是家庭总数。为什么达到这样的比例，房屋还成了问题？福利分房年代，政府包办或者是政府分房屋，当时人们工资很低，收入很少，房屋是国家帮家庭管了。从福利分房时代跨向商

品房时代，中国经历了一段懵懵懂懂的过程，也是今天倒回去看的中国土地市场的问题、房地产市场的问题。

1980 年深圳经济特区开始建设，投入的资金一共只有 3000 万元，全是政府和国家贷款。当时深圳经济特区算过一笔账，开发 1 平方公里需要 1 亿元，国家只给了 3000 万元，连半平方公里的土地都整理不出来。于是就有人说，应该将土地利用起来，变成钱。深圳就搞了土地出租的试点，将土地租赁出去，但当时出租土地搞房地产是违反宪法的，当时的《宪法》规定，任何人、任何组织不得侵犯、买卖、出租和以其他的形式非法转让国有土地。深圳当时怕遭受批评，就起了一个名字，叫收取土地使用费，但还是无法躲避很多机构对此事的抨击。

深圳是第一个吃螃蟹的城市。1980 年 8 月深圳特区成立后，广东省为特区专门制定了《国有土地有偿使用法》，土地出租变成了“合法”。1987 年，新中国的第一块国有土地正式进行了使用权的拍卖，叫做中国土地第一拍。1988 年国家修改《宪法》，国有土地可以进行买卖，于是中国房地产行业开始出现了。因此中国房地产诞生只有短短的 22 年。

海南房地产泡沫的破灭

中国的房地产刚刚出现不久，便在 1991 年、1992 年遭受了第一次严重的冲击，即房地产的高潮和泡沫的到来。中国房地产行业从诞生之初就有严重疯狂的味道，海南可以说达到了疯狂的巅峰，全国的房地产开发企业都到海南淘金。在 1991 年到 1992 年一年的时间里，海南的房价翻了三四倍。如此的疯狂，是因为大量的银行、大量的资本都将钱贷给在海南岛“挖金”的人，一批又一批的人接盘后将房价又炒上去。1993 年政府开始了房地产领域第一次的宏观调控，一下子使得大量的房地产企业，特别是正在开发的房产项目出现了严重停滞。

一个标志性的事件，就是海南发展银行倒闭，十余家信托公司跟着倒闭。当时海南有一句话，海南三大景色是：天涯、海角和烂尾楼。也不仅仅是海南，国内其他城市也出现了大量烂尾楼。1995 年宏观调控之后，中国的经济实现了软着陆，地价回归理性，下降了 85%，超过 95% 的房地产公司倒闭，泡沫由此破灭。1992 年到 1996 年 GDP 增长率下滑，房地产投资、销售大幅度萎缩。房地产泡沫导致中国各个城市都出现了烂尾楼，都是因为资不抵债、坏账和多次抵押的烂尾项目。宏观调控和货币紧缩后，烂尾楼就成为经济过热后丑陋的墓碑，在很多过热的城市比比皆是。1998 年中央政府颁布文告，国家从此取消福利分房制度。很多国有企业的员工觉得世界末日到了，单位不管房屋了，没有出路了。当时很多单位集中拿小金库的资金疯狂买房，以极低廉的价格卖给那些还未分房的职工，这批人搭上了末班车。1999 年国家三令五申不允许这样的行为，到 2000 年这种状况基本结束了。

中国房地产市场黄金十年发展期

从 1998 年开始，中国的房地产行业开始繁荣。1997 年全球金融危机爆发，反而给中国的房地产行业开启了所谓的黄金十年发展期。中国房地产市场在 1998 年之后开始进入高速发展的阶段。

国外的热钱是存在的，不是钱出了问题，而是经济出了问题。国外的经济有几种，一种是自由的经济体，一种是计划类的经济体。计划的经济体和中国原来的经济体制类似；自由的经济体跟泰国一样，钱进钱出，国家不管，钱是机构和个人的。当国家处在快速上升的阶段时，资产快速上涨，投资极度活跃，到价值和泡沫比较大的时候，国际金融炒家最喜欢。用银行的贷款买房，然后反复地抵押，就可以将价格设定得越来越高。银行也支持，因为银行也是牟利的，它们贷款给你后又挣钱了。银行将钱掏空炒楼，将土地证放在银行的保险柜里面，现金拿走了，就出现了活生生的泡沫。

为什么 1997 年金融危机后，中国的房地产行业蓬勃了？原因仍然是资本在流动。整个亚洲吃亏后，亚洲的房地产行业悟出一个道理：用银行的钱搞房地产是危险的。于是他们开始研究美国，发现美国原来是由类似于房地产信托基金等房地产金融产品在搞房地产。一大堆寡头和机构将房产产品委托给银行，再由银行委托给会挣钱的机构，让这些机构发行各种各样的产品支持房地产。这就是资本的证券化和房地产的证券化，也就是房地产和证券的结合。国际上的投资机构在寻找新的投资热点时，纷纷看好 1995 年、1996 年的中国，因为中国经济软着陆后，房地产处在低点，拿一点钱就可以到中国买烂尾楼，而且银行也希望有人将不良资产买走。因此大量外资和外国的投资机构纷纷涌向中国房地产市场，促使了中国房地产的蓬勃发展。此时又赶上中国城市化发展的快速时期，上海、北京、广州、深圳等城市都开始了城市的再造和新生的过程。由这两个因素开始，中国房地产的黄金周期开始了。

转变购房观念与文明的城市化

今天的问题是，中国经济的结构如果不能很好地调整，未来中国经济的发展，将持续处在非常畸形的状态。改革开放30年，持续维持将近10%的增长率，在全世界恐怕只有中国做到了。两次大的金融危机都没有阻挡住中国经济增长的脚步。中国城市化的进程，仍然会保持快速发展的势头，并且有很大的上升空间。1998～2009年中国城市化率平均年增速是1.2%，城镇人口年增长约2000万，需要新增的城市住房面积大概是4.4亿平方米。这还不包括城市已有住房者改善的需要，例如结婚、生孩子、离婚导致的房屋需求数量的增加。

中国的问题非常复杂，一方面城市化率低，一方面人口基数很大，还有一个根本的问题：地区间发展不平衡。今天中国许多城市的发展水平和设施条件还处在乡村、乡镇阶段，甚至只是穿上城市衣服的农村而已。对这些城市而言，住房也许不是问题，空气可能更加清新，路上也不塞车，风景更优美，但固定不住人口，尤其是生命力旺盛的、有追求的人口。中国现在虽然有46%的城市化率，但真正吸引人口流动的城市恐怕最多占了46%的20%，也就是说，文明城市化率也就是10%～20%，中国现有660多座城市，估计也就100座左右，可以吸引、固定住人口。

除了新增城市人口，住房改善人口也是主要的购房人群。中国的人均住房面积是27平方米，全国大概有60%～70%的城市居民有改善居住条件的需求。温总理说，中国任何的问题乘以13

亿人口，就会变得很大。如果今天拿27平方米乘以13亿人口的话，全世界没有一个国家敢讨论这个问题。这个框架下，不得不思考大背景的问题：我们国家的第一次生育高潮是1962～1972年，达到3亿人，这些人今天都是年富力强，他们是社会发展的生力军，也是购买力最旺盛的一群人。第二次生育高潮是1985～1991年，这些人年龄在19～25岁，约1.66亿人。几亿人充当着三个角色：第一个角色，37～47岁的人处在第一次购房，他们有福利分房或是上一辈人分配的住房，这些房屋处于改善需求中，因此进行了首次购买，这叫首次置业；第二个角色，原来有房屋，甚至也买过房屋，房屋是10年前买的，小了，需要改善，这类人叫做首次改善；第三个角色，帮助后辈买房的人，更加剧了房地产的恶化。因此，相当于有将近4亿人在市场中，估计有一半以上在城市中，还有一半是由农村迁往城市。在城市中演变的人口，还在进一步向一线城市游动，因此是多元和叠加的效果。

以前上大学的时候，骑着自行车送女同学上学就不错了。现在两个人一谈恋爱，就提房子，购买提前，这也发生叠加效应。在城市化快速发展的进程中，在投资的驱动下，在城市资源紧缺和心理恐慌的压力下，大城市始终处在房地产高速增长的轨道上，房价当然也在高速增长的轨道上。现在中国的一线城市大约有三四十个，并分为两类：一类是泛中国的移民中心或者是人口流动中心、资产聚集中心；一类是区域性的中心。泛中国的城市，指北京、广州、上海、深圳、杭州、天津等，大概七八个。它们的文化资源最发达，医疗资源最丰富，科技、资讯最前沿，吸引的人口是全国性的。大部分高校毕业生毕业后选择在一线城市和东部沿海工作，毕业三年后的也基本集中在北、上、广、深和东部沿海城市，以致人口分布绝对高密度，使得有限的城市空间和资源远远超出负荷。大量的毕业生都集聚在城市中，人才多了，用人单位挑选的余地大，就变成了买方市场，供应方就变得被动，待遇水平下降，结婚和生活的压力增加，导致今天的年轻人面临着很窘迫的状况。我国每年有 800 万 ~900 万对新人结婚。一方面，传统观念认为没有房子就无法结婚，但另一方面，当房奴也是很辛苦的。因此我们年轻人可以在一定程度上先转变一下观念。

近年来政府建设保障性住房，短时间内只能解决一部分人的购房需求。房屋建设过程中有很多复杂的因素，包括供地、拆迁、融资等等。保障性住房一直在艰难地缓步前行。2009 年保障性住房的土地供应只完成计划一半，因素很复杂，建设进度延误是一个原因。保障性住房需要大量的土地支撑，需要大量的资本，如果没有资本，无法让城市中居住在原来土地上的人拆迁或者是搬走，没有财政来源，就很难保障。因此，一方面，房地产企业希望从商品房中多挣钱；另一方面，存在的财政困难导致保障的力度弱。保障性住房重点是保障城市极度困难人口的需求，不是满足人人购房的根本解决之策。

日本房地产市场在经历了过山车式的变化后，已逐渐趋于理性。日本的人口密度跟中国有可比性，但日本人很少有先买房再结婚的观念，同时日本的社会福利、保险比较到位。日本在租赁性住房上扶持力度很大，租房结婚的比例高达 65%，买房结婚的只有 13.6%，这种情况在中国就比较少。广州二手楼楼价的上涨幅度远远高于租金涨幅，反映了深刻的问题——中国人买房后投资回报不在于租金而在于资产升值。中国租赁性的市场远未铺开，政府提供的保障性房屋应该是以租赁性为主的房屋，而不应过多引导任何形式的销售住房。因此，大家的观念要改变，一味等待着城市的变化，等待着房价的变化，而不改变自己的消费观，这没有太多好处。结合自身实际选择城市的商品房，量力而行选择自己的住房方式会更为幸福。

对于中国特色的房地产问题，政府一直研究"堵"、"疏"之道，城市不断控制人口，又不断增长，同时又在防范老龄化社会的到来。解决中国的房地产问题，需要政府不断完善社会保障机制。社会保障机制做得好的国家，很少有人炒房屋或者是拿房屋赌未来。因为我们看不到未来的保障，所以总是想留不动产。

有言在先，今天解决不了大家住房的问题，希望帮助大家能对中国房地产有一个比较客观的认识，要客观地理解中国发展过程中的问题。30 年短短的发展，让中国有这样的地位，十几年房地产的发展，让中国的城市化如此迅速，势必造成资源分布不均衡、资产分配不公等等，如何消除开放后和一部分地区先富后带来的负作用，是国家强调的经济结构转型的深层次问题。

最后，无论是你们还是我们，无论是 20 年前还是今天，奋斗都是不变的主旋律，没有奋斗只抱怨，等着爹妈给弄房子，等着政府分房子，这不是今天年轻人应该有的态度。

客观对待先富的问题

学生：您刚才提到了中国未来的发展要注重公平，您是如何看待既得利益者不肯出让自己的利益，公平就很难实现这个问题？对于中国的企业家，您是如何看待他们的？

毛大庆：这个问题很大，公平的问题是发展中国家都要面临的问题，不仅仅是中国的难题。让既得利益者将获得的利益都让出来，首先问题本身有正确的一面，也有片面的一面。因为社会发展的过程中，国家发展的过程中，社会应该有一部分人先富起来，这是国家重要的发展决策。在此过程中，在一定的历史阶段，财富聚集在一部分人的手里或者是一部分的地区，某种意义来说也无可厚非，除非是非法牟利和以权谋私。如果泛泛地讲，有钱的人都将利益让出来，并不符合 30 年改革开放和中国快速发展的战略思路。

如何看待中国的企业家，总的来讲，这是优秀的群体，是值得让人敬佩的群体，没有这样的群体，便没有今天中国发展的结果。中国今天积累如此多的财富，中国的企业家功不可没。

（2010 年 10 月 30 日，“未来中国·领军人物大讲堂”走进中山大学）

应时势之英雄

微软大中华区首席战略官　彭壮壮

我今天演讲的题目是“应时势之英雄”，为什么讲应时势？时势属于今天的、世界的城市，而不是属于昨天的城市，我们希望了解2050年的世界，而不是2010年的世界。对于“时势”的理解，对于世界往前走会有什么变化的思考，是我们去吸引世界人才的入口。

要成为世界城市，并不是一个被动去学习和复制的过程，而是一个主动地去贡献、去影响的过程。我心目中的北京，是一个能够改变世界的城市，是一个能够说出“世界因北京而不同”的城市，这样才是一个真正的世界城市。怎么才能做到“世界因北京而不同”？就要回到我们现在讲的“时势造英雄”。

应时势才能造英雄，时势怎么才能造英雄？未来的世界会怎么样变化？世界格局的调整，可能给未来带来五个新的变化，新的世界增长模式未来也会出现新的方向。

五个推动全球经济体系重组的趋势

第一，“一超多强”中间结构会出现明显的变化。我们看到，从2008年开始，全球GDP增长中由发展中国家贡献的部分已经超出发达国家贡献的部分。这意味着发展中国家和发达国家之间的差距在缩小。到2030年，“金砖四国”将跻身于经济强国之列。

第二，我们看到一个非常重要的趋势，就是生产力的革命。在未来，全球人口老龄化的趋势将非常严峻，到2050年，即使在人口年龄结构最年轻的亚洲，每三个年轻人就要供养一个老人。未来的经济增长趋势将是生产力的提升，而不是劳动力的增加。

第三，我们将看到一个劳动力全球化、网络化的新世界。

第四，全球化定价，就是给我们这个地球定价。什么意思呢？地球上的自然资源、粮食、水源，所有这些都会有价值，而且价格的产生会对全球的经济、对企业的发展产生根本性的影响。

第五，国家的负荷不断增加，各国政府都将面临着严峻的挑战，无论是提供经济发展的动力，还是社会发展的保障都将面临非常严峻的挑战。

企业发展的四个新观念

在全球经济重组的大趋势下，企业的发展也出现了新的模式，这里有四个观念跟大家分享一下：

首先，企业的全球化不但达到了全新的深度和广度，而且在未来是企业成功与否的基础要素。研究分析显示，世界前25强企业的销售收入中，海外市场已经超过了本土市场，资本的分布也是海外市场超过了本土市场，这是一个非常惊人的数字。财富100强的CEO，1/3都有海外的教育和工作经历。资产的分布、销售的分布、管理层的分布，已经完全体现出一个全球化的企业在2010年的今天要实现的水平。我们可以推想，再过20年、再过40年，这个水平会发展到什么程度？

第二，企业的发展模式发生改变，不断地向新领域扩展，以实现自身的增长。我们公司对416家全球领军的企业在1999年到2006年间的增长作过一个分析，它们平均收入增长是每年10个百分点，这10个百分点是怎么来的？在原有市场中做得更好，只贡献了0.4个百分点；去兼并收购，把别的企业囊括在自己的手中，只贡献了3个百分点；剩下的6.6个百分点则来自于全新的领域。对于一个企业来讲，要在未来能够持续地发展，一定要学会不断地进入新的领域，这是一个全新的发展模式，也是一个全新的挑战。大家很熟悉的苹果，从做个人电脑到做随身听、手机，它的发展就是不断地进入新的领域。

第三，开放式的创新，创新有多种多样的形式，创新的源泉也是多种多样的。在未来世界中最核心的创新模式就是开放式的创新。我们分析了100种技术含量最高的产品，在这些产品中创新来自于哪里？有接近80%的创新来自于这个企业和这个企业的合作伙伴共同的创新，这对我们企业的自身发展提出了新的要求。

举个例子，思科公司鼓励自己的员工参与外部合作伙伴的工作，叫外部孵化器，思科自己的员工、工程师和科学家可以去这些小企业工作，产生的专利可以为思科所用，这是一种颠覆性的创新模式。他们保持了创新动力，克服了大企业僵化的问题，同时带动了整个产业的发展。

第四，未来GDP的增长将主要来自于知识经济。美国2010年GDP增长中有20%来自于劳动力的增长，80%来自于生产力的提升，这是一个非常明显的对比。目前绝大部分企业，50%到80%的资产是来自于无形资产，这些无形资产里面很大的部分是知识产权。与此同时，在知识经济的年代，产品的市场周期迅速缩短，这又对企业提出了对知识管理的更高的要求。

企业家的五点要求

国际经济格局的改变，新增长模式的出现，对企业、对领军企业家提出五点新的要求。

首先，需要有高远的胸怀，要时刻考虑市场和供应商，他的人才来源不是一城一国，而是全世界。

第二，要有丰富的洞察力和前瞻力。

第三，具有灵活性和应变能力。在未来企业会面临更多的挑战，企业家一定要能灵活地应对各种各样的情况。

第四，具有开放的观念和合作意识。作为企业的领导人，不仅仅是这个企业的主宰，同时还要带领这个企业开放自己的围墙，欢迎各种力量参与到自己企业的发展。

最后，还需要具备高度的团队意识和育人理念。他不仅是在管理一个企业，而是在培养一批未来的领导人。

在全球企业新的发展环境之下，对领军的企业领导人来讲，这是五个非常关键的要素。

人才战略的思路

怎么样才能构建一批人才？人才"梯队"是一个很传统的概念，这个概念在今天依然适用。对于中国来讲，我们可能需要有几百名具有全球视野的企业领导人，这些企业领导人任意放到全球500强的任何企业中，都可以领导企业走向成功；我们可能需要数以万计的大中型企业中的职业方面的、行业方面的或者执政方面的专业人才，他们在销售、财务、IT等方面有专业技能；我们还需要数以千万计的管理人才。这样一个金字塔的结构能够让我们的人才队伍有一个内部不断更新换代的过程，同时让整个人才的梯队变得比较稳固。

我们曾经对全球各个国家和地区的人才战略进行了研究和分析。这个研究和分析实际上有这样的发展思路或者发展方向——在最上面，需要有一个明确的远景目标，人才发展到底是什么样子，不仅仅是定性的目标，而且要有一个坚固的目标体系：人才发展的思路，大的发展战略，企业的着力点，这些到底是什么？是以自身培养为主还是以吸引为主，是以单独的某些领域和产业为主还是全方面的发展为主，人才发展是以企业为主还是以社会为主……这些都是我们要思考的问题。

人才战略需要四个核心支柱，包括教育体系给我们整个人才结构的金字塔提供牢固的塔基；包括让企业成为人才培养的基地；包括对于那些有潜力成为全球企业和社会领袖的人，给他们特定的培养环境，给他们特定的培养计划，帮助他们不断地提升自身能力……每一点都有国际经验可以借鉴，可以引发我们相当多的思考。比如说韩国、新加坡，比如美国的加州——硅谷所在的区域，他们做了大量工作，把人才战略提升到一个非常高的高度，通过制订明确的人才发展规划和发展目标，来推动人才的发展。

韩国政府对于人才战略极为重视。他们提出了总的目标——2015 年成为地区主要研究中心；2025 年，部分科技区域居世界主导地位。对于不同的产业，他们投入了大量的精力、人力去吸引非常多的人才。比如在教育方面，他们对学校排名，对世界级商学院排名；对大学教育和社会需求的匹配度进行深入研究和分析；对在韩就读的外国留学生的比例科学调配；倡导鼓励全民终身教育等等。他们制订了包含整体教育福利在内的一套完整的、综合性的人才发展指标，很好地指引一个地区、一个国家的人才战略的设定和实施。除了这样一套规划指标之外，韩国还设立了两级人力资源的开发会议，由副总理牵头，多位部长参加，组成整个国家人力资源开发委员会，总体考虑人才的推动。

在美国加州湾区，企业联合政府和其他社会力量共同组成非政府组织，成员是湾区内 275 家最大企业的 CEO 和当地政府的官员，同时还广泛吸收各类智库共同参与研究。他们每两年会定期研究分析湾区的趋势，有哪些方面和其他地区相比出现差距，哪些方面还有优势，如何在政策层面、在企业层面、在人才层面等多个方面去解决这些问题，以持续保持湾区的竞争力。这也是非常值得借鉴的一条思路。

如果北京要打造成世界城市，吸引世界人才，至少需要考虑四点。

首先，要对世界如何去变化有一个深刻的理解。

第二，打造世界城市的重中之重是人才。只有有了人才，我们的世界城市才能真正地建立起来，才能真正地影响世界和改变世界。

第三，北京作为国家各方面的中心，不仅要推动整个人才梯队的建设，同时要着力去思考在整个国家人才战略中的定位。特别是如何发挥北京的特性，去吸引那些在国家人才战略中最顶级的人才。

最后，我提一个小的具体建议，非常有必要借鉴前面讲到的湾区的例子，要联合企业、学校、社会组织，联合在北京更多的智库，共同组织一个多方参与的人才战略委员会，不断地研究、思考与推动北京人才战略的实施和落实。

信息社会与中国的历史责任

北京邮电大学教授　阚凯力

“未来中国”请我来给大家讲一讲“信息社会与中国的历史责任”。我首先从如何上政治课讲起。政治课非常重要，教人认清世界大势，而很多政治课老师却总违心去讲些连他自己都不信的东西，把政治课糟蹋了。

不做“知道分子”，要做知识分子

我们到学校是为了学习，而很多学生从小学、中学到大学，却只学会一个东西——背书。学校用考试、考核来强迫学生背书，这让学生从小学开始就背负起一个沉重的枷锁，这种方式培养的不是知识分子，而叫做“知道分子”。我们究竟应当学习什么？人对社会和世界的认识至少有三个层次：第一个层次叫做“势”，就是大环境、大形势，人不能一叶障目；第二个层次叫做“道”，也就是基本的客观规律，不以意志为转移的客观规律；第三个层次才是“术”，才是具体做法。

因此，一个成长的过程，首先要“明势”，其次是“正道”，在正道和明势的前提下，我们才能在不同的环境中找到自己的对策，即“精术”。从“知道分子”成为知识分子的过程实际上也是一个逐渐了解情况、逐渐明势和正道的过程。

“中国模式”的经济分析

这里有两组官方的准确数据：2006 年中国的玩具出口是 220 亿件，2007 年中国的服装出口是 295.52 亿件。这是什么概念？除中国以外，全世界 50 亿人口，这些数字说明，中国一年向全世界的每人出口了十几件玩具、60 件服装。去年我参加一个国际会议，各国都对中国模式赞不绝口，我当时问了一个问题：我说在座诸位都是经济学大腕，你们给我解释解释，中国模式自己现在生产的东西都卖不出去，如果大家都“中国模式”了，那我们生产出来的东西难道卖到月亮上去吗？

在亚当·斯密时代，经济学就有三个基本假设：第一个是短缺假设，假设在市场上交换的物品必须是短缺的，否则没有交换的价值；第二是经济人假设，即假设经济社会中的每个个体都是谋求自身利益最大化，在自身利益最大化基础上使社会整体达到最优；第三是完全信息假设，即市场上的所有信息都是对称的，不存在私人信息。但是随着经济社会的发展，这几个假设逐个被推翻了，首先是第三个，完全信息假设，斯蒂格利茨提出在不完全信息条件下的经济学，并由此获得诺贝尔奖。

第二个经济人假设也逐步被打破，首先是凯恩斯提出，在市场经济中的每一个个体都可以自私自利，但是政府不可以。“人人为自己，上帝为大家”，政治应该扮演上帝的角色，要对宏观经济进行调控以促进经济发展和繁荣，哪怕自身利益受到损失。打破假设的第二步是由寡头垄断造成的，约翰·纳什在上世纪70年代将博弈论引进经济学，其中的囚徒困境指出了个人理性和集体理性并不一致的道理，个人利益最大化并不一定使社会整体达到最优，甚至可能是最劣。随着经济的迅速发展，垄断或者寡头垄断出现，在这种情况下，全球经济状况发生变化，经济人假设被彻底打破。

现在我要说的就是第一个短缺假设的问题，短缺假设实际上也正在被打破。说到短缺假设不得不说到经济学根本性缺憾，经济学只针对物质产品，而对信息产品基本没有研究。科学、技术、文化、艺术这些人类脑力劳动的成果都是以信息方式存在并传播，信息产品的特点就是不存在短缺。从使用角度来讲，物质产品的使用是独占的，信息产品则不同，它高度共享，使用者之间互不影响；从供给角度来讲，物质产品存在边际成本，更多人使用就必须消耗更多的生产要素来提高产量，而对于信息产品来讲，并不存在边际成本。所以，信息产品全人类共享是必然的结果。

经济社会发展到今天，物质产品产值在整个国民经济中的比例不断下降，而信息产品产值的比重在迅速提高，只研究物质产品是远远不够的，必须同时去研究信息产品的规律，更重要的是研究物质产品与信息产品的互动关系。关键性的信息产品会影响到物质产品的产出，而更多的物质产品则能提供给更多的人从事信息产品的产出，也正是这样一种正反馈的发生促使人类社会、经济社会规模和生产力不断发展至今。

信息社会的实质

现在的信息技术是继工业技术之后，人类生产力的又一次根本性革命。如果说工业技术是人手的工业化，那么信息技术就是人脑的工业化，这两项技术将人类两大特征都充分地工具化了，两者相加，就代表了人类最高生产力，而不是别的技术。

信息社会的实质是什么？就像工业社会中的工业技术一样，信息技术在信息社会得到充分的普及和应用，成为社会的核心生产力，信息产品成为社会生产力的主要产出。这意味着信息社会中的主要生产要素都贡献给了信息产品的生产、传播与使用，这是人类社会最高的生产力水平，也是人类社会最高历史阶段。之前很多人挂在口头上的共产主义社会，其实叫做信息共产主义社会，关于这点我们可以从马克思对共产主义社会的描述中一窥全貌。

马克思曾经对共产主义社会提出过六条标准：第一条，物质产品极大丰富；第二条，劳动成为人的第一需要；第三条，各尽所能，各取所需；第四条，觉悟和道德水平极大提高；第五条，国家职能逐渐消失；第六条，工农差别、城乡差别、脑力劳动与体力劳动差别三大差别消失。首先，正因为信息社会的物质极大丰富，才能保证社会的大多数人从事信息产品的生产。而至于之后的几条，都是随着信息技术的发展、物质产品的丰富以及民智的逐渐开化而容易达到的。因此，我们所说的信息社会实实在在符合共产主义标准。然而为什么共产主义运动在 19 世纪刚刚兴起，却在 20 世纪被自己从内部瓦解了呢？因为马克思号召和资本家带着同一生产力的无产者去推翻资本主义制度，而无产者和资本家只是同一枚硬币的两个面罢了，这是带有时代局限性且不可行的，但并不影响他分析工业资本主义制度中内部存在不可克服矛盾，指出工业资本主义制度必然灭亡的正确性。

我们回想一下人类社会是怎么从农业社会走到工业社会的。首先是技术革命出现，蒸汽机、发动机、电动机、飞机、火车、轮船等工业技术与社会结构的根本改变相配合，解放了劳动力，创造了工业社会所必需的产品市场与劳动力市场。同时，比技术革命、社会革命更早一些的是思想革命，地心说与日心说之争从根本上冲击了欧洲的政教合一的专制，后来随着文艺复兴运动发展起来，代表先进生产力的工业的上层建筑意识形态，如自由、平等、民主、共和、人权、博爱等等这些思想以至制度的保证，都彻底摧毁了封建专制的根基。但是光有思想革命的胜利还不够，政治最后还需要一场革命，否则既得利益集团必然要用手中的政治机器进行反抗。政治革命在欧洲持续了上百年之后，以美国的南北战争划下句号。

对比现世，可以看到，以电脑、互联网为首的技术革命成就巨大，新兴行业的思想意识形态不断向传统行业渗透。可以预见的是，技术革命必然带来以思想革命为前奏的社会革命和政治革命——人类这样从农业社会走到工业社会，也将必然这样走向信息社会。我们今天全社会的共同矛盾依然是生产力与生产关系的矛盾，我们在社会体制及生活方式上还没有做好迎来信息社会的准备。全球范围来讲，如今是农业社会向工业社会过渡的尾声，同时由工业社会向信息社会过渡的阶段也正在酝酿和开始，我们今天所处的历史时代正是两个过渡的交叉。

信息社会的中国责任

美国经济学家麦克写过一本被奉为经典的书，书里有这样的观点：首先，人类以往的不同历史发展阶段是由东方和西方交替领先的，西方的奴隶社会开始得非常早，而封建社会则是中国领先；接着，就像农业社会到工业社会一样，他认为从工业社会到信息社会会沿袭同样的历史规律向前一步。从工业社会到信息社会，毫无疑问该中国领先了，因为以中国为首的东方工业经济体系非常孱弱，就像以前西方各国的君主势力一样，压根儿没有建立起来，打破非常容易。

生产力决定生产关系，经济基础决定上层建筑，这是马克思主义基本原理。但是随着人类社会的发展，工业社会以及与之配套的市场经济，还有与市场经济配套的经济学已经逐渐地完成了它的历史使命，有朝一日短缺假设完全被推翻，那么整个以短缺为基石的市场经济以及经济学将不复存在。信息产业的生产力相比现行的经济运作模式，在工业资本主义社会向信息共产主义社会的过渡孕育与发生之初，就好像农业社会向工业社会过渡一样，是先进生产力与落后生产关系的对比——这往往是社会发展永恒的主旋律。

把大的形势、历史阶段、社会的主要矛盾以及可预计的发展历程分析透了，你就会清醒地意识到你的一生将绝对不是一条坦途大道，而是必然要历经动荡与变革的。千万不要遇到一点不顺心和不如意，你便迷茫困惑了。看清大形势和发展规律，我们就会有充分的思想准备面对这样一个不断动荡与变革的社会环境。

我们需要培养什么能力？简言之，就是不断地培养自己学习问题、分析问题、解决问题尤其是思考问题的能力，不做“知道分子”，做真正的知识分子，脚踏实地的知识分子。我相信在座的同学们定能不断适应这个变化的环境，而且能够推动我们国家继续不断地变革。

（2010 年 11 月 18 日，“未来中国·领军人物大讲堂”走进中国农业大学）

成功三要诀

原《中国企业家》杂志社社长 刘东华

每个人都追求成功，好像大部分人又与成功无缘。成功真有那么难吗？追求成功的道路上有没有规律可循？

因为工作关系，我天天跟各种成功者打交道，观察研究的结果是，成功的逻辑实在太简单，简单到只有三句话，小孩子都能听得懂。更令人惊讶的是，不但成功的逻辑很简单，认真按照这个逻辑做其实也不难，甚至可以说大部分人都有能力做到。果真如此，不是大部分人都有机会获得成功吗？事实正是如此。

把原则当做命根子

所谓“原则”，就是你发自内心认为是对的、必须坚守的东西，也可以说是你做人、做事“万变不离其宗”的那个“宗”。每个人都有自己的原则，只是有的人的原则是清晰明确的，有的人的原则是含糊不清的；有的人对自己的原则是执著坚守、誓死捍卫的，有的人觉得原则是可有可无，随时准备远离、放弃或背叛的。

“把原则当做命根子”这句话，谁都能听得懂，大部分人也能做得到，但是又有多少人真的想这样做，又真的在这样做呢？就算真的想、真的在这样做，又有多少人在滚滚红尘之中，遇到压力或诱惑能够坚定地、持久地做到对自己的原则不抛弃、不放弃呢？

世界上有太多的理由让我们放弃乃至背叛自己的原则。也许我们并未意识到，自从我们放弃原则的那一刻起，自己已经开始迈向庸人的行列了。

用智慧来增强原则的柔韧性

生活中我们不难发现，成功者未必是最聪明的人，有些甚至连聪明都算不上；而很多聪明人也并不成功，倒是经常“聪明反被聪明误”。这说明什么问题呢？一个人如果把他的聪明用在合适的地方，用来捍卫自己的原则，他的聪明不但对自己的成功是有用的，这种聪明还可能被提升到智慧的层面，而智慧里面不但包含着智商，还包含着美德；一个人如果把他的聪明用在不合适的地方，用来背叛自己的原则，这种聪明往往会表现为“小聪明”，或者是所谓“聪明不高明”，结果是越忙越乱，越乱越忙，庸人自扰，一事无成。

说到这里，我们就知道一个人的聪明才智服从、服务于原则的重要性了。原则固然重要，但其性刚直，刚则易脆，直则易折，因此特别需要智慧增其柔性、韧性、弹性；智慧虽有神通，但其性若水，水性无定，无定则乱，因此特别需要原则来当其家、做其主、定其性。一个人一旦能够把二者在实践中很好地结合起来，则可望让原则贯彻始终，令智慧增益无穷。即使是一个天生愚钝的人，修炼到一定程度也可能达到“大智若愚”的境界。

登高望远，培养健全的思维方式

一般说来，能够真正听懂并做到前两句话，即把原则当做命根子，持之以恒用不断增长的智慧去捍卫而不是背叛自己原则的人，追求一时一地的成功已经很容易，或者说已经可以轻松把成功攥在手里了。但是，如果要追求更长远、可持续和更大的成功，第三句话就是不可或缺的了。

我经常会遇到一些曾经非常成功却突遭意外之祸的朋友诉苦，而诉苦的主题往往是事发多么偶然、自己多么无辜、遭遇多么不幸等等，总之是错不在己，过不当诛。我当然也深为惋惜、深表同情，但同时也会用我的分析方法告诉对方，所谓“偶然”就是两个或多个“必然”的相撞。孤立地看，很多逻辑都是完整甚至是完美的，是可以自我闭合、互不相干的。问题在于我们所处的时空实在是太拥挤了，一不小心就可能发生各种“意外”和“车祸”。当我们自己的逻辑只是自行车的时候，撞上汽车就会是牺牲品；当我们成为汽车时，撞上装甲车会成为牺牲品；当我们成为泰坦尼克时，撞上冰山会成为牺牲品；当我们在海滩漫步时，碰到海啸会成为牺牲品……在我们照顾不到的地方，随时有可能潜伏着一种远比我们强大的力量，或磨刀霍霍、或漫不经心地等待我们陷入罗网。这就要求我们永远保持一颗敬畏之心，习惯于经常登高望远，多学多看，尽最大努力在了解、理解和尊重各种逻辑的前提下，安全地强化、放大和延伸自己的逻辑，竭力避免各种可能的意外夭折或突然死亡。想想看，健全的思维方式对长远的成功有多重要？

把原则当命根子；用智慧来增强原则的柔韧性；登高望远，培养健全的思维模式。这三句话正是我观察到的成功的逻辑。不知道朋友们看后觉得追求成功更难了还是更容易了，但愿没被第三句话“吓着”。最后我还想再跟大家分享一下自己之所以能够让坚持原则变得不那么可怕的心得：如果你知道这个世界绝大部分人在乎的绝大部分事都不值得你在乎，真正值得你在乎的就是那么一点儿原则的话，坚持原则就没有那么困难了；如果你知道今天看上去冷冰冰的原则，代表的不过是你明天更大的快乐、更大的利益、更大的成功时，坚持原则就没有那么困难了。

不信就试试看？

中国企业家的幸福在哪里

正略钧策董事长 赵民

中国企业家的幸福快乐，是由个人、家庭、企业、行业和社会这五个环围起来的。

记得数年前，“非典”肆虐期间，我蜗居京郊，好好重温和享受了一把家庭幸福生活，连续几天，一日三餐准时吃饭，已经是十几年来没有过的事，反倒把胃弄得七上八下不舒服了。

其实中国企业家的幸福，也就如此。

企业家幸福的第一环来自个人，是个人价值的发挥和社会影响力。

很多企业家虽然事业成功，但是心中都会有一些疑问：“现在干的事业，是不是我内心深处毕生所追求的？”“我个人能力是否都发挥出来了？还有机会发挥潜在能力么？”“我的个人能力是否得到认可？”对这些问题肯定或者否定的答案，决定了企业家在个人价值发挥上的幸福感。

个人价值的社会影响力该如何衡量呢？是作为行业领袖的地

位，还是成为股市蓝筹的荣誉；是企业的盈利能力，是为国家缴纳的税收，还是解决就业的能力……其实，每个企业家衡量个人价值和社会影响力的标准都不尽相同，所以对个人幸福的界定也就不同。

企业家幸福的第二环来自家庭。自己是否满意自己的老公或太太；子孙是不是有出息；兄弟姊妹及老人为财产闹不闹矛盾；买的按揭房、别墅物业是否存在欺诈……都构成了企业家日常生活中的幸福。企业家来自家庭幸福的这一环，是最真实最贴近人之本性的层面，和普通老百姓无异。但是，因为一些企业家的不知足，他们的幸福感甚至比普通老百姓更差。

企业家幸福的第三环是公司。如果企业家的投资分散在不同的公司，那么，只有他参与日常管理较多的那个，才是和他幸福感相关度最高的。一些大企业家控股和参股了很多公司，但这些数量庞杂的公司给他们带来的幸福快感是十分有限的。大多数时候，这些公司至多是一些公司名字、数字报表而已。一位做投资的企业家朋友私下对我说："你看那些投资很多企业的老总，一定是拿别人的钱或者股东的钱在投资，他们不会拿自己很多钱去投资的，不仅幸福感不会增加，反而每天睡不好觉。"如果有人把中国500强公司或1200多家上市公司脱发、白发和秃顶的老总人数的比例做一下统计，肯定在三分之二以上。

所以，对企业家而言，从公司里面是很少能得到快乐的。一般来说，在公司80%的时间是在烦恼和痛苦，20%的时间才在享受幸福。

好在还有第四个幸福环：行业。企业家在行业里远比从公司内部得到的快乐多。首先是行业协会会常来拍马屁。虽然这样的恭维最终的目的是要你掏钱，但毕竟多少能让人感到愉悦。其次，供应商、分销商也会来取悦你。但前提是你是分管物资采购的老总，或卖紧俏货的销售老总。据新华信公司十年来公司咨询的经验，企业高管中幸福感最浓的是采购老总，其次是财务总监。

企业家幸福的最后一环是社会。但社会给企业家带来的快乐通常也非常有限。企业要应对政府的工商、税务各种部门，甚至包括来查工资总额的劳动局监察大队。有些特定行业还有环保局（如汽车行业）、市容管理部门（如房地产行业）、统计局（如市场调查行业）等等，都在时刻盯着你呢！

中国企业家的幸福快乐，就是由个人、家庭、企业、行业和社会这五个环围起来的。但是这五个环又由主观意愿和客观条件所决定，主观愿望低而客观条件高的，就是幸福快乐的；反之，就是幸福快乐感差的。所以，很多时候，幸福就来自于企业家对客观条件的全面分析以及一个知足常乐的心态。

中国企业家的幸福在哪里？就在那五个环圈起来的交集里。你不妨自己画一画。

选择改变生命

新东方创始人、新东方教育集团董事长　俞敏洪

大家从全国各地来到新东方，只说明了一件事情，就是希望自己的前途更加灿烂。其实我们人生中可以选择的机会不是太多，尽管我们常常发现前面有很多路，但是，选择就在关键的几个点上。选择，改变了我们的生命。

改变命运的机会并不多

我们的生命基本在做两件事情。第一件事情，就是不断积累，从上小学 1 +1 =2 开始，到上高中，上大学，到现在大家学习托福，学习 GRE，都是在不断的积累。积累我们的知识，积累我们的考试技能，积累我们的才华，积累我们的智慧，积累我们的判断能力、认识能力，积累我们的友情、爱情，以及未来的社会资源、人脉关系。所有这些都是为了一个目标，也就是我们要做的第二件事情：不断改变我们的生活。我们一生中能够改变自己生活的机会不是很多，比如从小学到中学，除了学习不可能有

太多的改变，唯一能够改变的是通过努力学习选择好的大学；到了大学，也不可能有太多的改变；在大学毕业时选择工作、考研还是出国，又是一次改变。从国内到国外留学，一定是改变自己生命的机会，是看到另外一个不同世界的重要时刻。

在我的生命中能改变命运的机会也就两次，第一次机会是高考，通过自己连续三年的奋斗，我走进了北京大学，从农村走向了城市。第二次机会是来自于我的失败，因为我的出国计划失败了，所以我从北大辞职，创办了新东方。

机会有时候隐藏在失败中间，有时候隐藏在痛苦中间，有时候隐藏在你不得不走下去的路中间，但是只要你去寻找，总是会找到。当我自己感觉路好像要走到尽头的时候，发现其实路到了尽头，生命并没有到尽头。有的时候路是拐弯的，比如说我出国没有成功，但是我左边一拐，右边一拐，发现了另一条路，新东方就出现了。有的时候尽管没有了路，但是因为我们有脚，所以可以踏着我们脚下的土地，把它变成我们的道路。

让自己成为散发热情的火炉

有三句话，我每天都在问自己有没有做到。这三句话就是：有人爱，有事做，有所期待。语言很简单，但是要做到，其实不容易。所谓“有人爱”，比如说我们的父母爱我们，我们会很开心，因为家中自有温馨；我们的男朋友爱我们，我们会感到很温暖；我们的女朋友爱我们，我们会感到很沉醉。这都是爱的表现。但我更愿意把“有人爱”理解为“有人被你爱”，就是你能够积极主动地爱人。没有人愿意把冰块放在手里太久，因为它太寒冷了。有时候我们会抱怨这个世界太冷漠，这个世界没有人关心我们，其实是我们没有想到，我们可能本身是冷漠的，所以这个世界才会冷漠。

大家都知道，你是什么样的，你眼中看到的世界就是什么样的。就算你是个火炉，但是在冬天不生火，也没有人围着你转，因为你不能给人温暖。任何一个火炉，只要在冬天生起火来，就有人围着你烤火。所以，如果我们把自己的热情散发出来，就能够影响周围的人，把我们的爱，或把我们愿意帮助别人的心情散发出来就能够影响到周围很多的人。新东方就是这么激发起来的。我发现人是有能量的，这个能量你看不见，摸不着，有人会散发负面能量，有人会散发正面能量，一个散发正面能量的人一定是非常积极的人。有这样一个统计数据，一般的人都是在不积极和不消极的生活状态中生存，这个人群的百分比占到了80%。有积极心态的人则只有20%，而世界上这20%的人群，占据了世界上80%的资源。如果你每天都在思考怎样更加积极地面对社会、解决问题，你就会生活在5%的领导阶层中间。

我相信在座的每一位同学都能做到积极生活，我曾经有过很被动的时候，但后来把生命转向了主动，就有了今天这样的时光。新东方有一万多名老师，每年有两百多万学生，这里面一定有某种能量，而这个能量，说简单点，就是新东方的老师们在学生中间散发出来各种各样的热情，他们像火炉一样吸引你在寒冬的时候来身边烤火。这，你们也能够做到。

有事做是幸福的

第二句话叫做“有事做”。现在，同学们是非常幸福的，每天早上一起来就知道要背单词、读英语，要听几道听力题，或者是要写篇作文，这就叫“有事做”。生命不是由你一辈子的理想构成的，理想尽管很多，但它不构成你每天的生命。我们这一辈子，到底会走到哪棵树前面停下来，会在哪座山脚下看风景，我们是不知道的，生命会有很多的改变。但是，有一点我们是可以做到的，那就是我们每一天到底干什么，这个主动权是掌握在我们手中的。

今天你想干什么，由你的脑袋决定。你可以出去玩，也可以背单词；你可以和朋友一起喝酒聊天，也可以和朋友打架。这完全是由你自己决定的行为。所以，把每一天过好，就把这一辈子过好了。

我非常庆幸自己即使在大学最迷茫的时候也坚持每天学习，当时完全不知道为什么要学习，但是我知道，所有这些东西加起来可能有一天会给我一个答案。有的时候，就在你每天的艰苦学习当中，答案和结果会慢慢地显露出来，这就是“有事做”。“有事做”是很幸福的。

在期待中成长

第三句话就是“有所期待”。大家都知道，人和动物的区别就是，动物是自然的生长，并且自然的变化，而我们却能够设想明天的到来。今天，我们可以想象明天；今年，我们可以想象明年。20 岁的我们可以去想象 40 岁是不是能够有一个更加不同的生活，并为此付出努力。

所以，我们在期待中成长，期待也给了我们更加努力的动力。我们期待未来更加富有，有房有车，期待未来与更多的人成为朋友，期待未来有更好的社会地位，甚至期待未来我们能够成为为世界做贡献的杰出科学家、思想家、政治家或企业领袖。我们都在期待着，期待是一点一点叠加的，每一天的生活看不出变化，但是人生加起来，由于你的期待，就会变成一件大事。

我们期待不仅仅是期待我们自己，我们期待并且祈祷我们的家人能够更加平安，我们的父母身体能够更加健康。只有他们身体健康了，我们才能没有后顾之忧，背上行囊走遍世界，才能更加开心。其实我们也在期待我们的国家、我们的祖国更加繁荣富强，因为一个繁荣富强的国家给我们的是力量和信心，支持我们走遍世界。

20 年前，我去美国大使馆签证的时候，每去一次，就被拒签一次，问签证官："What is the reason?" 他说："No reason." 很简单，因为你贫困，所以无需理由；因为你的祖国不存在你去了国外还能吸引你回来的理由，所以去一次拒签一次，连续拒签了三年。

而今天，我们的任何一位同学，不管你是去出国旅游，还是去留学，甚至是去定居，只要你给出合理的理由，大使馆就一定给你签证。现在全世界任何一个国家，给中国人的签证比例高达 95%，我们那个时候大概只有 25%。这意味着什么？这意味着国家的强大使我们的生命更加扩展，也就有了更大的世界舞台去奋斗。

在未来，可能很多同学会在国外工作，不是为国外的机构工作，极有可能是中国的机构派你驻外，变成某个国家的分区总经理。现在我的很多朋友已经把自己的公司开到世界各地，也就意味着我们有了一个世界舞台。所以，就让我们一起期待，期待我们的未来更加美好，期待我们的父母更加健康长寿，也期待我们的国家更加繁荣昌盛，让我们一起走向未来，走得更好！

人生经典四问

原《中国企业家》杂志社社长　刘东华

几年前，我在“学习型中国”的论坛上发表了一次题为“做真正的自己”的演讲，反响之大超出预料。最近有网友在网络视频上发现那次演讲，看过多遍后给它起了一个新名字，叫“人生经典四问”。为了对得起这个名字，我把“四问”做一简单梳理，以与更多朋友分享。

第一问：你知道每个人身上都拥有着代表人类精神的伟大基因吗？

这话听起来很像一句可笑的大话、空话，其实无论是谁，只要静下心来认真思考一下本人自我意识觉醒的过程，就知道这句话的实在与分量了。小时候我们刚开始有自我意识时，最大的困惑与恐惧之一就是不知道自己是谁，想弄清楚自己是谁。为什么后来没弄清楚就放弃了，也不再那么困惑与恐惧了呢？因为我们虽然没有弄明白自己是谁，却突然发现自己和别人一样，别人和自己也一样，自己既是父母撑起的小家庭中的一员，又是人类大家庭的一员。自己是谁不知道，但“我和你们一样，我是一个人”是肯定的，不容置疑的。千万不要小看这个“发现”。“我和你们一样”，意味着我不是“丑小鸭”，不是你们中的“异类”，你们是谁我就是谁；“我是一个人”，则意味着自己身上具备着人之所以是人的99%以上的质的规定性，意味着人类这个族群的一切创造与荣耀都与己相关，意味着自己是作为万物之灵长的人类一切共性特征的承载者和体现者。

第二问：你知道你是天才吗？

是的，说的就是你，因为别人已经知道他是了，你知道你也是、肯定是、一直是吗？大部分人不敢相信自己是天才，是因为没弄清“天才”指的是什么。我对天才的定义很朴素：天才就是有着与生俱来的特殊天分并能够给这个世界带来独特价值的人。朴素归朴素，很多人看了仍然会觉得自己与天才无缘：我有“与生俱来的特殊天分”吗？我能给这个世界带来“独特价值”吗？是的，你真的有，也肯定能。因为“上帝”造人，除了让人类拥有99%以上的共性之外，还一定会让每个人拥有或多或少的“天赋异禀”，哪怕是1%、0.1%、0.0001%，大的天才表现的往往像神经病，因此也特别容易被误解和牺牲掉；像你我这样一般的天才表面看与常人无异，关键在于相信与证明，即相信父母像上帝一样一定赋予了自己卓尔不群、与众不同的东西；在相信的前提下不顾一切地去证明，千方百计地把自己那与众不同的0.0001%变成带给这个世界的独特价值。当你相信你是天才的时候，你就已经是了；但只有当你证明了你是天才的时候，这个世界才会认为你真的是天才。

值得庆幸的是，你并不需要去证明你基因里沉淀着的、决定着你之所以是人的那99.999%，而只要证明你之所以是你、之所以是张三李四的那0.001%，证明你不但在享受着人类的伟大福荫，而且还能够为人类带来哪怕微不足道的一点点独特贡献、独特价值，你就已经是人类的天才了。

第三问：你知道你在背叛自己吗?

长大以后，不知道还有多少人记得自己童时的梦想，还在认真追逐这个梦想?不知道还有多少人能听到自己内心深处的呼唤，并坚定执著地响应这种呼唤?随着人生阅历的增长，我们似乎总是有太多的理由嘲笑自己昨天的梦想，漠视自己心灵的呼唤，总是有太多的借口让自己成为一个平庸之徒、无能之辈，成为一个消极的从众者甚至是被动的受害者。是的，人生就是这样，尽管每个人身上都有着人类精神的伟大基因，每个人都是天才，但是先天的一切都需要后天的证明。成功者的共同特点就是相信自己且永不放弃；失败者要么根本就不相信自己，要么在困难与挫折、压力与诱惑面前轻易就做了自己信念与梦想的叛徒。

永远不要抱怨现实的冰冷与残酷，生活从来都是粗粝的磨刀石，真正的好刀都是在这样的磨刀石上千磨万砺而成的。一时的挫败并不可怕，可怕的是不敢面对挫败的真正原因。更为可悲可叹可怜的，则是把自我放弃、自我背叛、自我失败的责任全部推给外部的世界。

第四问：你知道你还能找回真正的自己、做回真正的自己吗?

活在今天这个世界上，最大的幸运之一就是，每个人都有着越来越大的试错空间和越来越多的纠错机会，除非是要被立即执行的死刑犯。甚至，如果你的信念足够强大，意志足够坚韧，大的伤害、大的坎坷、大的挫败有一天还可能转化为大的人生财富、大的成功基石、大的幸福资本。

既然这个世界已经变得如此广阔、如此宽容，既然总有那么多人能够战胜大灾大难、笑对大荣大耻、超越大得大失，我们又有什么理由不能迷途知返、跌而复起、失而复得、败而复胜、卑而复尊呢？因此，只要我们永远怀有一颗感恩的心，敬畏生命，热爱生活，执著梦想，坚守原则，就一定能找回真正的自己，做回真正的自己，最终让自己那天才而易逝的0.01%融入人类那神圣而永恒的99.99%，从而成就一段小小的传奇。

问经典四问，做真正的自己，人人都有可能。

有私奉献是志愿精神的原动力

南都公益基金会副理事长兼秘书长　徐永光

郑女士是深圳市地方税务局干部，同时是一名志愿组织的负责人。她说："为别人做事真的很开心，很幸福。做义工所得到的是金钱买不到的。"

还有一道脑力训练题：神父对信徒 A 说，利他主义者上天堂，利己主义者下地狱！A 想要上天堂，所以，A 经常不求回报地帮助他人。请问，A 是利他主义者还是利己主义者？

我曾在中国青基会碰到一位年轻的母亲，她抱着不满周岁的孩子，以孩子的名义给希望工程捐款。她说："这笔捐款不光是为了帮助农村的穷孩子，更是为了从小就培养我的孩子有爱心。"

我们习惯讲"无私奉献的志愿精神"，而上面几个人在帮助别人时，还在追求自己想要的东西，并非完全无私。他们的动机是否有违志愿精神？

我们先来琢磨几条关于助人的口号：

"施比受更有福"，"喜乐奉献"，这是教会劝善的口号；

“赠人玫瑰，手有余香”，这是公益组织对志愿者的动员口号；

“我为人人，人人为我”，是上世纪五六十年代最流行的公民行为口号；

“助人为乐”，是今天倡导社会公德的主流口号；

“以团结互助为荣”，是胡锦涛总书记提出的社会主义荣辱观的内容；

“善有善报”，是在中国流传了千百年的道德信条。

所有这些倡导助人的口号，并没有强调无私奉献，恰恰是讲“有私奉献”。当然，这个“私”不是物质上的有偿，而是奉献之后内心的愉悦感、荣誉感和精神价值的实现。

马斯洛的需求层级理论提出，人有生理、安全、社交、尊重和自我实现五大需求。志愿服务可以获得后三项需求，这属于“有私”范畴。志愿精神体现了志愿者奉献社会与满足个人精神需求、利他与利己的统一。正如2005年11月第10届国际义工协会亚太区会议通过的《义务工作香港宣言》在基本原则中指出的：“义务工作不仅能帮助别人，义工本身也因此受惠。”

美国电影《心的方向》，讲一位退休老人因精神失落想要自杀时，收到了他曾救助的一名孤儿的来信，使他看到了生命的价值，重拾了生活的信念。这部影片诠释了“助人者自助”的深刻道理：做善事不仅是帮别人，也是帮自己，甚至能够拯救自己的灵魂。算算得失账，这个人付出的只是每月21美元的捐款，得到的却是找到了生命的方向。

说志愿精神的原动力是“有私奉献”，是因为我们所追求的任何道德理想都不可能背离人性。“大部分中国人乐于行善的目的，是期望获得回报”，这是美国公理会教士明恩溥（1845—1932）在其著名的《中国人的素质》中写的。古往今来，无私奉献的人有，但毕竟少。纯粹无私的那是圣人。如果我们都按照圣人的标准来倡导志愿精神，岂不是对凡人、平常人关闭了志愿者的大门？这对于志愿精神的推广普及是非常不利的。

美国志愿服务的年贡献价值超过 2000 亿美元。在一个讲求功利的市场经济社会，志愿服务何以如此发达？原因之一是他们从没有把志愿精神拔高到无私奉献的高度。美国人非常清楚志愿服务是利他也利己的好事、乐事；同时也是一种公民责任，不做是不对的。美国的高中毕业生如果拿不出志愿服务达到规定时间的记录，不会有一所大学录取他。

附带一笔：中国青少年发展基金会有一位理事的女儿到美国求学，她不经意填写了父亲的志愿者身份，竟被学校优先录取。这也许是美国人对中国志愿者表达敬意的一种方式吧。

回到中国的现实，我希望有无私奉献的英雄作为我们时代的旗帜，更希望鼓励、推动、褒奖每一个普通人都能够做到的“有私奉献”，动员更多的人参加到帮助他人、完善自我的志愿者队伍中来。我们期盼“以团结互助为荣”蔚然成风，期盼全体公民共同来描绘社会主义和谐社会的美好图景。

中国需要文化民族主义

中国人民大学非营利组织研究所所长 康晓光

我想用康有为的一段话来开始我的演讲。在这段话里，康有为问，一个人为什么会与中国生死与共呢？他认为很重要的一点是，他与中国结下了不解之缘。这样的一个不解之缘是怎么结成的呢？康有为说，首先绝对不会是仅仅因为中国有那么多的高山大河，不仅仅因为我们都是炎黄的子孙，而是因为我们还有数千年的文明教化，还有无量数的圣哲精英。有了这样一些自然的、血统的、人文的和文化的东西，孕之育之，可歌可泣、可观可喜，当这些中国之魂融入一个人的身心的时候，当一个人缠绵爱慕于这些东西的时候，他才能跟中国结下不解之缘，他才能和中国生死与共。这样一个国家、这样一个民族、这样一种文化，才能被人所热爱、所留恋，并且为之向往。我想，康有为的这段话把文化民族主义的精髓阐述得非常精辟，而且充满了激情和感情。

文化、民族与国家

我首先讲一下文化、民族与国家的关系。实际上，民族国家、民族文化，还有现代的民族概念，都是比较新的概念。它们是和整个的工业化、和市场的成长、和全球化是联系在一起的。为什么在市场扩张的一个大工业的时代，会产生民族国家和民族文化这样的概念呢？这是一个很有意思的问题。

工业社会是一个大规模生产的社会。大规模生产的社会要求从业人员在大的地理范围内、在不同的时间内进行流动，同时要进行交流。也就是说，随便的两个人遇到一起，他们能够通过一些语言、一些抽象的东西进行面对面的沟通，在短暂的沟通交流中达成一些合作所必须的信息交换，这是非常重要的。因此，这就需要一种统一的文化，这种文化应该是一种实质的文化，应该是可以用白纸黑字来表达的东西。所以，一般来说，一个广阔的市场，一种大规模的工业化的生产，需要一个统一的文化，这是非常重要的。

在民族国家形成之前，有很多部落、种族、部族这样一些组织，它们有不同的语言、不同的文字。那么，怎么样才能在尽可能大的空间范围内、地域范围内形成一个统一的文化呢？首先，需要有一个强有力的机构。从工业即生产技术本身衍生出对统一文化的需要，而对文化统一的要求本身衍生出对一个统一的政治共同体的需要。因此，现代化的经济需要一个统一的文化，需要一个中央集权的政治。以我们中国来说，要想维持一个从小学一直到大学如此庞大的教育机器，而且小学和初中还是强制性的义务教育，这需要大量的人力、财力和物力，同时，需要强有力的法律保护。如果没有一个强有力的现代国家的话，这样一套机构，这样一套机制，是根本无法运转起来的。而且一个国家也是垄断了它的文化，就像垄断了暴力一样，在它的地盘内，只许宣扬它喜欢的文化，不许宣扬别人的文化。比如说，国语是什么，第一语言是什么，母语是什么，都有强制性的规定。

所以，这就是为什么在一个现代社会里，往往既有一些民族国家，然后又有一个民族文化，同时配合一种大规模的现代工业。

未来世界的文化格局

关于未来世界的文化格局问题，目前存在着三种看法：

第一种是经济全球化带来一个全球性的文化，这种全球性的文化将普遍适用于地球上所有的地方。支持这种观点的最强有力的理论，就是马克思的历史唯物主义，因为这种理论是经济决定论，认为经济是决定一切的主导性的因素。全球化往往伴随着全球性的技术扩张，一种高效率的技术在全球范围内的扩张，会使全球范围内形成一种比较相似的技术体系，甚至是完全一致的技术原理及与之相应的一系列的管理制度。按照历史唯物主义的观点，这样一种生产方式，这样一种生产技术，很可能决定相应的政治和文化等一系列的所谓的上层建筑。这是一种观点。

第二种是比较风行的观点，全球化不会带来文化的趋同，相反会激发地方主义的、文化民族主义的复兴。这种观点强调本土性，强调地方性的反应。

第三种是折中的观点，认为全球性的文化将会出现，但它只是一种浮在表面的文化，而本土文化还将在深层次支配人民的生活。全球会有共同的经济生活，国际交流会更加紧密、频繁，并形成一种共同的规则。所以，这种规则在政治上可能体现为联合国，在经济上最典型的表现就是 WTO 建立的一整套制度和规范，在语言上可能是英语的使用，以及方方面面各种各样的东西。但是，它认为，真正能够对民众的情感有强烈冲击的，让其生死与共的，可能还是生于斯长于斯的这片土地，以及在潜移默化的社会化过程中，赋予民众的那种本土文化。这是一种折中的观点。

现在我想稍微详细地介绍一下亨廷顿的观点，他的观点就是第二种观点：全球化不会带来文化的趋同。亨廷顿把文化和现代化分成两大部分：一部分叫工具文化的现代化，还有一部分是终极文化的西方化，他把现代化和西方化分开。在技术层面、在工具层面，他称之为现代化；在终极层面、在价值层面，他称之为西方化。

亨廷顿认为对于后发展国家来说，包括中国这样的国家，发展的过程中大概有四种模式：第一种模式是拒绝主义。比如说既拒绝现代化，又拒绝西方化，这样是一个保守的、封闭的、拒绝一切变化的社会。第二种模式是基马尔主义。基马尔是土耳其特别著名的一个开国元勋，也是进行改革西化的一个领袖。土耳其的改革基本上是比较成功的，即在工具文化现代化的同时，也成功地进行并完成了终极文化的西方化。第三种模式是改良主义。这个模式是说，一个社会伴随着工具文化现代化的同时，在初期，它有一个比较强烈的西方化的过程，但是当现代化达到了相当成功的一个阶段之后，它就开始反过来了。即在初期，西方化和现代化是并行的，但是当它在经济上取得了成功，当军事和政治的实力逐渐强大的时候，从社会层面的自信开始回归对本土文化的自信，一些民族主义的东西开始膨胀，这个时候它往往开始拒绝西方化，开始更多的从它的本土、传统和历史中去寻找一些在终极价值观、道德规范方面的东西。所以，改良主义会走过这么一个倒 U 字的曲线。第四种模式，亨廷顿说是一个比较痛苦的过程。这一类社会在工具文化的现代化方面没有任何的进展，但在价值终极文化方面西化得却很彻底。亨廷顿认为，中国现在毫无疑问是走向了一种改良主义的道路。

文化与全球的经济竞争和政治竞争

下面，我讲一下文化与全球的经济竞争和政治竞争的关系。一方面，全球化的时代是一个全面竞争的时代，竞争遍及经济、政治、军事和文化各个领域；另一方面，各个领域的竞争又是相互交织在一起，一个国家的文化的竞争力依托于它的经济、政治和军事实力，反过来，强大的文化也可以有效地提高国家的经济、政治和军事方面的全球竞争力。所以，当大家分析美国实力的时候，要考虑一个很重要的因素，就是美国所谓的“软力量”。软力量是非常重要的，它有意识形态的力量，有文化的感召力，还有所宣扬的一整套的价值观，以及为本国、本地区的国际行动所寻找的各种各样的理由、托词或者是说法。这些赋予美国军事行动和政治行动一种强有力的支持。

文化对于全球经济竞争的影响主要在两个层面：一个是影响

跨国公司的经营活动，一个是影响区域的经济合作。冷战以后，大量的区域经济合作组织不断地涌现。国际政治学家们分析发现，那些成功的区域经济合作组织都是有共同的文化背景。它不仅仅是简单的地理空间位置的远近，几个国家召集到一块儿开个会，定一些条约，然后经济共同体就会发展得很好，并不是这样的。真正发展得好的经济合作组织，成员国或组织成员在空间上临近、文化上又高度一致。即使地理空间不临近，这些国家在文化和意识形态等方面高度相似，它们之间的贸易往来也是非常密切的。

文化对当前国际政治格局的影响也是非常大的。在冷战之后，亨廷顿发表了他著名的文章《文明的冲突》。美国的军事工业体系非常庞大，大学里也有一大批高级的研究人员，是为军事工业、航天工业和国防工业服务的，还有大量的思想库，都是围绕这样一个非常庞大的利益共同体而存在的。所以，在冷战之后，前苏联解体，美国面临着一个很重要的问题：美国还有没有敌人？美国的敌人是谁？在这样一个背景下，这些与军工综合体相关的利益集团，它们都要找饭吃，没有敌人的话它就没事干了，也就没饭吃了。所以，它们就到处寻找假想敌。当时一种比较乐观的观点就是佛兰西斯·福山提出历史的终结。他认为，前苏联的解体，东欧和中国的转型、改革等，意味着世界上在未来除了市场经济和民主政治之外，人类不会有其他的选择和途径。历史从根本和本质的变迁上来说已经终结了，剩下的就是一个时间问题。

亨廷顿提出了与之针锋相对的观点，他认为不是。他认为，就现代来说，在新的世界中，虽然社会主义和资本主义这样一种冷战、一种冲突结束了，但是文明之间的冲突不会结束，而且会上升为新的主导性的力量。也就是说未来的冲突，可能不是资本主义阵营与社会主义阵营之间的冲突，而很可能是基督教世界与伊斯兰教世界、与儒教世界之间的冲突。对此他有一段非常精辟的论述。他说，在新的世界中，文化认同是影响一个国家结盟或对抗的主要因素。各个国家、地区和民族，在处理认同危机的时候，即：我是谁？我是属于哪一伙的？谁跟我是一伙的？谁是我的朋友？谁是我的敌人……当要寻找这样一些问题答案的时候，对人们来说重要的是血缘、信仰、忠诚和家庭。人们与那些拥有相似的祖先、宗教、语言、价值观、体制的人聚集在一起，而疏远在这些方面的不同者。由于现代化的激励，亨廷顿认为全球政治正沿着文化的界限重构，文化相似的民族和国家走到一起，文化不同的民族和国家则分道扬镳。以意识形态和超级大国关系确定的结盟让位于以文化和文明确定的结盟，重新划定的政治界限越来越与种族、宗教、文明等文化界限趋于一致，文化共同体正在取代冷战的阵营，文明间的断层线正在成为全球政治冲突的中心界线。

亨廷顿所构想的未来世界的政治共同体是什么呢？即所谓的某一个文明的核心国家。比如说，他认为基督教文明、伊斯兰文明和儒教文明是三大最重要的文明。在基督教世界里，核心国家就是美国了，其他还有一些跟它相似的周边国家，但是实力没有这个核心国家强大。再有，就是所谓的散布在外围的那些个人和移民，即生活在基督教世界之外的其他国家和地区的人，也认同于基督教的这些个人。这些构成了一个基督教的世界。亨廷顿把中国、朝鲜半岛、日本，还有东南亚的新加坡、印度尼西亚、越南等，都归到儒家文化圈里。毫无疑问，无论从历史的渊源，还是从综合国力来看，中国都是这样一个文化圈的核心国家。再加上周边国家，还有散布在世界各地的华裔，他认为这些构成了儒教世界。亨廷顿认为未来的冲突就是这样的几大板块之间的冲突。我个人比较倾向于他的这种观点。

中国文化的百年命运

现在我们再反观一下，中国文化在一百多年中所经历的命运是什么？

首先，自鸦片战争以来，中国文化走上了一条持续衰落的道路。从中华民族形成的历史来看，随着汉族农耕文明不断地扩张，汉族统治的疆域在扩张，在这个过程中，汉族文化也在逐渐地扩张。

古代中国基本是一个政教合一的国家，政府、国家总的来说还是推行儒家的文化，同时儒家文化也给古代中国的政治体制提供了强有力的支持。儒家跟基督教、佛教相比，没有那么多庙宇、僧人，没有专业的教师等等，可我们并不能就因此认为它不是宗教。在古代的中国，整个国家可以说就是一个儒教的教会，皇帝实际上就是教皇，所有的官员、读书人、准备考试和应试然后学而优则仕的那些人都可以理解成是教士。大体上来说，基本是全民遵奉儒家所宣扬的那些伦理规范。尽管儒家是一种精英的理论，它作为一种书面的东西，主要是和读书人进行交流的，但是它在书面之外的东西，对民间的影响是非常大的。比如说它对民间处理父子之间、夫妻之间、长幼之间、朋友之间的关系，还是发挥了非常重要的作用。儒家的思想，通过像《三国演义》、《水浒传》这样的一些载体，对民间的影响更大。

但是在洋务运动时期，中国文化面临着非常强烈的冲击。这个时候发生了第一个非常巨大的转变——中国的士大夫放弃了“天下主义”，他们终于明白了，中国仅仅是国际社会中的一个、众多民族国家中的一个而已，不能再自称是天朝帝国、天下第一了。“我是世界的中心”，这个观念已经被彻底打破了。

进入维新时代之后，第二个巨大的转变发生了：捍卫中国传统的这些人，基本放弃了形而下的领域，也就是说承认中国在技术方面不行，甚至一些制度也不行。但是他们依然坚信，中国的道德传统、中国的文化传统以及孔孟之道所宣扬的终极的、形而上的东西还是有用的。所以，他们放弃了形而下领域的抵抗，只求在形而上领域去斗争。

等到五四时期，传统文化基本上丧失了最后的阵地，全盘西化成为了一个主导。大家觉得为了富国强兵，我们就要毫不犹豫地彻底地放弃我们的历史，然后向外面去学习。于是大家不断地找祖宗算账、找文化算账、找传统算账，以致后来对我们传统文化的毁灭几乎达到了最严重的程度。而在新加坡、韩国、日本、美国等地，中国的传统文化还在发展。同时，东亚的经济成功，也助长了儒家文化的复兴。

在 20 世纪 80 年代，特别是随着日本的成功，“东亚四小龙”在经济上取得成绩之后，世界各国的学者都开始研究东亚现象：为什么在这个地区，可以取得这么好的业绩？不仅经济增长方面特别成功，而且在收入分配、在社会稳定等方面，也是很成功的。所以，在这个背景下，一种“儒家资本主义”的假说就提出了。过去可能认为儒家学说是一种累赘，是一种包袱，是一种拖累，是阻碍资本主义成长的东西。现在这样的一种理论认为，当这个国家进行了现代政治和社会的重建之后，当现在的市场经济引进了之后，儒家学说反倒成了促进资本主义成长的强有力的一个因素，所以儒家资本主义又开始风行了。大家这回不批判儒家了，说儒家不错，家族主义、勤劳、服从权威、遵守纪律、勤俭、爱储蓄等儒家思想都是有利于现代经济增长的。

10 年之后，20 世纪 90 年代初期，文化民族主义在中国大陆兴起，最先讨论这个问题的是《战略与管理》杂志，当时一些讨论会我也参加了。在 90 年代，这样一种文化民族主义复苏有着比较深刻的背景。我想原因很多：首先，政府希望借文化保守主义来抵御西方文化的入侵，抗拒西方自由主义的意识形态。其次，一部分中国知识分子在对欧洲的观察，特别是对俄罗斯的观察，还有对南美洲和东南亚的一些国家民族化进程的观察中发现，改革不仅仅会带来一个皆大欢喜的、大团圆的结局，也可能会带来社会发展的停滞，甚至倒退，乃至一个国家的分裂等等。民族主义就是化解这种危机的一种武器。第三，中美关系的转变和中国国际地位的提高，助长了公众的民族主义情绪。第四，民族主义比其他的意识形态多了一个非常强烈的功能，它有利于形成共识，有利于团结。此外，价值真空也是一个很重要的原因。当马列主义不是绝对唯一的信仰，自由民族主义又没有占据一个主流地位的情况下，我们的价值、我们的道德、我们的一些人生归宿到哪里去寻找呢？传统文化则提供了一种可能性，因此这个也是它出现的一个重要原因。

接下来，我想谈一下文化民族主义的必要性。

在全球化的背景下，中国作为一个大国在逐渐地崛起。在这样的背景下，中国应该怎么办？我个人认为文化民族主义是一个很好的选择。对于当今的中国来说，如果我们的文化能够得到很好的复兴，能够得到更好的宣扬和推广，能够得到越来越多的人的认同，特别是随着国家经济实力的增长，随着社会政治变革与国际社会的逐渐接轨，在这样的一个背景下，有这样的可能存在：我们可以很好地整合起有中国文化背景的一些地区、国家和个人，形成一个很好的经济交流的平台，同时也是一个很好的政治结盟的框架。而这个对于中国未来在国际上的经济和政治地位是非常非常重要的。

中国发展文化民族主义的优势在于：首先它有独特的语言和文字。学习汉语的成本是非常高的，历史悠久、博大精深的中华文明，使得中华文化很难被其他文化所同化。其次，庞大的人口数量也是一种自然优势。经过数百年的移民，华人遍布全球，而且很多人依然忠于中华民族的传统。再次，中国是儒家和儒教圈里天然的核心国家。这一切意味着建立一种超越民族国家疆域的文化民族主义的巨大可能性。亨廷顿就非常明白地说，大中华不仅仅是一个抽象的概念，它是一个迅速发展的文化和经济现实，并开始成为一个政治的现实。

复兴中华文化

最后，我想跟大家交流一下，怎样在新世纪复兴我们的文化。

文化复兴的逻辑是什么？首先要肯定一点，在当今世界上，能够被所有华人认同的可能只有中华文化了。因此，文化民族主义的最主要的目的就是复兴中华文化，并通过文化的复兴实现全球华人的整合，成就一个文化中国。这个文化中国没有固定的界限，信奉这样一种文化的人走到哪里，它的边界就扩张到哪里。康有为说过，中国的一切文明皆与孔教相系相依。正是由于中华文化的理想、价值和道德都集中地体现在儒家文化之中，所以复兴文化的根本，我认为是复兴儒家文化。我们不能把儒家文化仅仅看作是一个学派，而应该是看作得到过国家支持的全民宗教。实际上它也发挥了一种巨大的教化的功能，而教化是一种潜移默化的东西，是所谓的“随风潜入夜，润物细无声”的一种东西，它是建立社会秩序的最基本的途径，无论是政府还是法律，或是暴力和强制，都是不可替代的。

父亲节的札记
——生命的最后一课
（后记1）

“这个世界，贫穷、苦难不是问题，人与人之间的冷漠，才是人们生活倍感艰辛的根源。”查先生不止一次说道：“勿抱怨，少批评。遇到一种情况，先想我能为这样的现实做什么样的改善?”我想，这就是一种达观的精神，是需具备一定的修为、眼光、胸怀才能体会的幸福。我期待有一天能像查先生那般顿悟，宁静，旷达，悠远。这一场讲座，使我对很多人心怀感恩。在这个世界上，总有那么些人，与你是走在同样布满荆棘的路上，即使我们彼此不认识，在茫茫人海中对望的那一眼里，依然会觉得温存、觉得舒怡。末了，我想对自己说一句：“感恩生活，感恩世界，珍爱生命，践行善言。”

这是重庆工商大学的刘秋云同学发来的心得。6月9日香港执业大律师、前香港廉政公署高级官员查锡我先生的讲座，是未来中国“领军人物大讲堂”本学期的最后一个讲座，也是我的父亲陪伴我的最后一个公益讲座。

结束在重庆工商大学的这个活动，11 日下午返京，在路上我接到家人电话：父亲病危。我急忙定了从北京连飞沈阳的机票。但是当天北京冰雹大作，我下午两点回北京的飞机被迫降到太原，等辗转回到北京时，原定的六点从北京飞沈阳的航班已经起飞。在三号航站楼里，我望着因为取消航班而被搅得乱七八糟的黑压压的人群，大脑一片空白。平时那么多的航班，当晚因为天气原因，几乎都取消了，即使不取消，补票人群的长龙比长城还长！我似乎没有任何办法当天晚上回到家里！我狠狠地打了自己两个耳光，恨自己为什么不始终陪在父亲的病床前！当时并不觉得疼，可耳朵直到现在还嗡嗡作响。上天见怜，在一个朋友的帮助下，我终于搭上了当天晚上最后一班到沈阳的飞机。

到沈阳已近子时，家人已在玄梯下等候。第一时间，最快速度奔向医院！父亲呼吸急促，吸着氧气，说话已经很困难了。我尽了全力帮助父亲调息。渐渐的，他放松了，呼吸平稳了，就一再地对我说：“太累了，回去休息休息。”他不停地跟我说着这句话。我的哥哥怕父亲太累，也心疼我这一天的机场大战，就说，你回去休息吧。我以为这依然只是虚惊一场，就回家了。

次日一早就接到哥哥从医院打来的电话，情况又告急！等我冲到父亲身边，已是弥留……父亲 18 岁就进入部队，身体里流的是“绝对红色”的血液，一生倔强、耿直。生前他并不信佛，却因为对女儿全然的信任与爱，头脑清楚、口齿清晰地念了三声：阿弥陀佛！就永远地睡着了。学诚大和尚专门发来短信：“至诚孝心感天动地，家父善业往生极乐！持咒节哀念佛护佑！南无阿弥陀佛！”

送父亲火化那一天，我与一直陪同我的寂慧法师一早就来到了殡仪馆内父亲的单间，想为父亲念经送行，但工作人员无论如何都不允许。我急得哭了，先前的负疚与悲伤又绞得心痛。寂慧法师却平静地说：“我们就到外面念吧，为今天所有火化的亡人。”当我跟着寂慧法师唱起梵歌时，我的心从冰冷、慌乱变得慈悲与果敢，我明白了：这是父亲给我的生命上的最后一课！他虽然脾气火暴，性情耿直，却一生磊落，侠义，从无有半分贪念与害人之心，他一定高兴我现在这样做，不仅超度他一人，而是当天所有与他同时火化的人！我突然明白，我无需内疚，因为我离开他去石家庄、去重庆，不是去谋利，不是去游玩，而是去帮助成百上千个孩子！他不仅会原谅，而且会非常骄傲我这样做！我也突然明白，他对我重复多次的那句“太累了，回去休息休息”不是指我，而是指他自己，他一直撑到我做完这学期最后一场大讲堂才走，他真的是太累了！我在亲人们震天的哭声当中，高唱着梵歌，看着父亲被送去火化炉，没有眼泪，只有对他往生的欣喜和自己庄严的承诺：我一定会以您希望的样子活！

与查先生过去素昧平生，他却坦然地对我说：“我今年62岁，有相士说，我仅能活到68岁，在这有限的六年时间里，我只想做两件事情：一是能为政府解决贪污腐败的问题助一臂之力，二就是你现在所做的事情。”讲座之前，他就说，“你们是一个不牟利的公益机构，经费一定很紧张，机票和酒店还是让我自费吧！这是公益事情，我不介意出一点钱和一点绵力！”我过意不去，他却回信说：“王学长：谢谢你的嘉许和美言。这只是很小的事，何足挂齿？我们年纪长的应该以身作则。我们应该以身教而不是光是靠言教。假如我们做不到自己所讲所教，我们不树立榜样，怎么要年轻人去做呢？光会讲而做不到的教导只是空话而已，没有用的！”离开重庆时，查先生却一并把我酒店的账也结了！我争不过他，急得浑身是汗，他却淡然一笑。他掏衣袋时，我看到他的袖口已经磨得边线都断了，一问才知道，他这件西装已经穿了六年了！

我无数次地问自己，如果我不去石家庄、重庆，情况会如何？地球不是照样转？柳红和查先生不是一样演讲？但静心一想，还是不一样吧。想到四方学院那个一脸愁苦、眼神茫然的漂亮女孩，想到抵重庆当晚我与30多个学生座谈后整个QQ群的“夜不能寐”，想到问查先生自杀问题的那个学生的表情，想到那个把自考当做“红字”般痛苦纠结的男生，我还是欣慰，我与柳红、查先生一起，让更多人的生命更加欢欣了！

父亲节到了，我想对我父亲说，我会带着他的爱与力量，坚定不移地向前走。“未来中国”不到一年的时间，面对面交流的青年人已经逾万人，N年过后，我对父亲许下的誓言——帮助万千众生，就不是一句妄语，就像我小时候把字迹工整的作业本拿给他看时，父亲会用他温厚有力的大手慈爱与欣赏地摸着我的头顶。

对同样是父亲的查先生，我想引用他的表妹张小娴的一句话：“你来过这世上跟没有来过，是有分别的；所以请为我们好好地活着，上帝有的是时间，我想，他不会介意等你。”查先生，“未来中国”也同样需要您！

我们常常会抱怨周围的种种不如意，其实就如同父亲离开我时，我内疚得恨自己，为什么不多为父亲做一些事情。我们自己离开这婆娑世界的时候，也一定希望自己没有白白走这一回，希望自己能如特蕾莎修女那样说的：我把最好的留给了世人。

让我们聚合的力量散发如太阳般的光芒，让更多人的生命更加欢欣！

未来中国创始人兼总干事　王红

于2011年6月19日父亲节

心灵的指引

（后记2）

曾几何时，厌倦了大学的讲座。当五彩斑斓的宣传海报贴在公告栏上，大家对还未开始的讲座评头论足时，我总是不屑参与其中。不是我拒绝接受知识，也不是我没有耐心，而是听过太多的所谓专家、教授，打着教育大众的旗号，推荐和诱惑大家参与所谓的成功前的各项培训，从中牟利。所以当"未来中国·领军人物大讲堂"来到西电时，我差点与之失之交臂，幸而我们报社承接了"未来中国"一行到西电前的各项准备工作，而我亦参与其中。

看到侯斌坚毅的面容、从容的表情，听到那感人而又激励人心的话语，心中平添了许多感动。而最让我深有同感的是：演讲结束后，一位同学说的一句话，"今晚没白来"。是的，再多的夸奖之词都显得那么苍白，"未来中国"为的就是启发引导我们，她的可贵之处在于她能够将我们心中的梦想挖掘出来、放大并最终实现它。于是，从那时起，我就默默地下了决心，一定要加入"未来中国"这个大家庭，一定要为她奉献自己的青春和汗水。

我们从来到这世界的那一刻起，就开始走上漫漫的人生旅途。每个人的故事都是在自己的哭声中开始，在别人的哭声中结束；每个人的生命都有自己独特的美丽。怎样让自己的人生笑容灿烂，怎样让自己的人生绚丽多彩，需要的是心中的梦想。有了梦想就有了实现的前提，就有了绚丽人生的开始。但我们在为梦想而拼搏、努力的时候，常常会感到力不从心，会迷茫，甚至会放弃它。这时候就需要外在的帮助和指引。“未来中国”就是为之而存在的。

“传递思想，分享生命，成功者以自己的生命实践引领下一代的成长，未来中国这个创意正是时代所需。”这就是对“未来中国”社会价值和存在意义的最生动描述。

“梦想的距离，你到底有多远?”是我最喜欢的一句话。我想也是当代大学生应当好好思考的一个问题。每个人的一生，都伴随着无数或实现或远去的梦想。梦想的变化映射成长的步伐，而梦想的内容则映射人生的深度。对于我们来说，只有怀抱梦想并努力实现它，才是王道。我是一个有梦想的人，对于有助于成长的实践活动，我会义无反顾地参与其中。这几日，我时常在想，如果我能够加入“未来中国”这个大家庭，我能为她做些什么呢？现在，我知道，努力推广“未来中国”在西电的影响力，让更多的人来了解这个机构，并为更多迷茫学生找到前进的方向，这就是今后我要努力的目标。

当梦想照进现实，会实现，还是会幻灭？它取决于你，而“未来中国”犹如漫漫黑夜中的明灯，会指引你、引领你，直到你到达人生的终点。

一直以来，我希望能有这样一个平台，有这么一个渠道，在丰富自我的同时，还能够帮助他人。今天我找到了，就是“未来中国”。在成长的道路上，总有许许多多的经历会让人难以忘却，如果能有这么一个机会，能为“未来中国”这份神圣而伟大的事业做点什么，哪怕只有一点点，我将会铭记此生。

西安电子科技大学学生　吕叶靖

鸣　谢

南怀瑾　国学大师

林毅夫　世界银行高级副行长、首席经济学家

赵启正　中共十六届中央委员、国务院新闻办公室原主任

吴建民　国际展览局名誉主席，欧洲科学院院士、副院长

郝克明　中国教育发展战略学会会长

周稽裘　中国职教学会副会长、国家督学

学诚法师　全国政协常委、中国佛教协会副会长、中国佛学院副院长

俞可平　中共中央编译局副局长

徐永光　南都公益基金会副理事长兼秘书长

许善达　全国政协委员、中国注册税务师协会会长、国家税务总局原副局长

袁　明　北京大学国际关系学院院长

汪　瀞　浙江省政府副秘书长

康晓光　中国人民大学非营利组织研究所所长

邱子磊　崇德基金投资有限公司行政总裁及董事总经理

黄元庚　上海会畅通信科技发展有限公司董事长

丁　磊　网易创始人、网易集团 CEO

刘　飞　摩托罗拉副总裁

潘水明　厦门市青年企业家协会常务理事
王俊峰　金杜律师事务所合伙人
王雁南　中国嘉德拍卖公司总裁
伍跃时　袁隆平农业高科股份有限公司董事长
赵　民　正略钧策咨询有限公司董事长
张树新　联和运通投资顾问有限公司董事长
张东海　内蒙古伊泰集团 CEO
黄平璋　怡盛物业管理集团董事长
唐　宁　宜信汇才商务顾问（北京）有限公司创始人、CEO
叶　梅　麦肯锡公司资深项目总监
陶景洲　美国众达律师事务所北京办事处合伙人
张懿宸　中信资本控股有限公司首席执行官
朱云来　中国国际金融有限公司 CEO
彭壮壮　微软大中华区首席战略官
高　勇　科锐国际人力资源总裁
郭爱平　TCL 通讯 CEO
何　毅　依视路（中国）投资有限公司总裁
何忠义　北京希尔信息技术有限公司董事长
候永杰　山东泰山房地产有限公司董事长、总经理
阚凯力　北京邮电大学经济管理学院教授
李　文　天津天士力制药股份有限公司董事总经理
蔺彩虹　荣泽商贸有限公司董事长
刘洪川　世泽律师事务所合伙人
刘　静　《中国青年报》青年时讯主编
吕志旻　博艺装饰设计有限公司（香港）董事长
尚　健　国投瑞银基金管理有限公司总经理

沈皓瑜　百度公司高级副总裁
沈南鹏　红杉资本中国基金创始及执行合伙人
涂志云　尚诺集团董事长兼 CEO
王　军　海南国康医药董事长
王维嘉　美通无线通信有限公司董事长兼首席执行官
温文驰　华诚睿光（中国）生物科技有限公司董事长
兼首席执行官
吴雪筠　中国科技大学校友新创基金会创始人、委员会委员
姚　遥　黑石设计有限公司董事长
杨　壮　北大国际 MBA 院长
余东枚　满世集团执行董事
喻　恒　德国都芳漆（中国）有限公司董事长
张东梅　高盛（亚洲）有限责任公司执行董事
张惠良　北京人文大学常务副校长
张　虹　中央电视台《体育人间》栏目制片人
张　莉　CCTV－7《聚焦三农》编导
张　锐　中信证券国际私人股权投资董事总经理
张　延　FT 中文网总经理
赵永瑕　雁栖建国度假酒店副总经理
周　红　内蒙古福格企业执行董事
周翠娥　维丰绒毛实验有限责任公司执行董事
Ms. Christine Cayol　法国艺术哲学家、法国 Syethesis 总裁
Mr. Dan Dudek　美国环保协会首席经济学家、中国环境与发展国际合作委员会外方委员
Mr. Ramon Pichs Madruga　古巴哈瓦那世界经济研究中心副主任、政府间气候变化专门委员会（IPCC）第三工作组联合主席

Mr. Thor Boe　加拿大环保专家

Mr. Youba sokona　政府间气候变化专门委员会（IPCC）第三工作组联合主席（南非）

宫玉振　军事学博士、北京大学国家发展研究院副教授

侯　斌　三届奥运冠军

姬庆生　原辽宁省教育厅厅长

姜绍志　辽宁省关心下一代工作委员会副主任

康　辉　中央电视台主持人

林永青　价值中国网创始人兼首席执行官

毛大庆　万科集团执行副总裁、北京万科总经理

李　昀　美国 AICI 国际形象顾问协会台湾代表

柳　红　独立学者

路一鸣　中央电视台主持人

马永生　中国工程院院士

毛　浩　中青报副总编辑

潘石屹　SOHO 中国有限公司董事长

任志强　华远地产股份有限公司董事长

师艳丽　陈香梅基金会理事长

汤　敏　友成基金会常务副理事长、友成新公益大学（筹）校长

唐　捷　中国科学院生物物理所研究员

王子恢　搜狐金融事业部总经理、搜狐网副总编辑

杨　克　全国职业教育教学改革创新指导委员会委员、博士、教授

俞敏洪　新东方创始人、新东方教育集团董事长

徐　威　上海世博局新闻宣传部部长

许戈辉　凤凰卫视主持人

薛　澜　清华大学公共管理学院院长

杨　澜　阳光文化基金会董事局主席

查锡我　香港执业大律师、认可调解员

张醒生　大自然保护协会北亚区总干事长

张亚勤　微软公司全球资深副总裁

周云蓬　民谣歌手、诗人

周志懿　传媒出版社常务副社长

朱卫彬　国家二级心理咨询师

董　时　《中国青年报》编委

董　峰　资深视觉设计师

郎海天　北京银石国际广告有限公司总经理

单羽青　中国经济时报金融部主任

王则开　全球可持续发展领袖论坛执行总监

尹　耀　中国光华科技基金会国际合作项目主任

张天明　万景集团总裁

周　炯　网易总裁助理

王　红　未来中国创始人兼总干事

恳谢所有给予“未来中国”支持与帮助的各位大德！

求真出版社畅销励志书系

作者：毕淑敏

在基督教中，百合花象征着纯洁和天真无邪；在古罗马和希腊，百合花象征着忠贞与纯洁；在中国，百合花是母爱的象征。绵绵无声的母爱就像散发淡淡花香的百合，静静地绽放在每个人柔柔的心田里，纯净素雅，高贵圣洁，动人心弦。这是著名作家毕淑敏写给天下所有已经成为母亲或即将成为母亲的女人们的幸福箴言。

作者：毕淑敏

苦蚌成珠！书中精辟、经典的语句都是作者毕淑敏在许多不眠的暗夜以如烟的困惑和刻骨的追忆写成。字字如珍珠滋润闪耀、句句如清茶沁入心脾，而这些碎玉散珠经由作者穿针引线轻松道出后，自成一部生活哲学。其内藏有发人深省的智慧和令人鼓舞的感动。是对心灵深处的透视、人生命运的总结，万变生活的体验，点点滴滴尽是睿智。

作者：周国平

人生在世，首先应当追求的是优秀，而非成功。成为一个优秀的人，在此前提下，不妨把成功当作副产品来争取。所谓优秀，是在人性的意义上说的，就是要把人之为人的禀赋发展得尽可能的好，把人性的品质在自己身上实现出来。按照周国平的理解，可以把这些品质概括为四项：即善良的生命、丰富的心灵、自由的头脑、高贵的灵魂。

作者：海伦·凯勒

上海世博会“生命阳光馆”重点展示图书。

海伦·凯勒无疑是勇气的象征，她面临逆境克服困难的毅力世人皆知。但不为人知的是，她还是一个锐利的观察者、理性的思考者，于人、于事的洞见可谓入木三分。

本书凝结了海伦·凯勒毕生的智慧、勇气和灵感，展现了她非凡的个人魅力。

作者：海伦·凯勒

上海世博会“生命阳光馆”重点展示图书。

当人们为海伦·凯勒的毅力和睿智而感动，并惊异于她所取得的伟大成就时，人们不禁想知道支持她的力量是什么。那就是她的人生秘诀——乐观。海伦·凯勒说：“一个人如果拥有乐观豁达的精神，树立远大的目标，即可免于被恐惧束缚。”

乐观是一种力量，使人进步，催人向上，乐观引领人走向成功……

作者：海伦·凯勒

海伦·凯勒被誉为十九世纪的奇人，二十世纪的英雄偶像，是人类永恒的楷模，永远的灯塔。她对生命的热爱，对光明和自由的渴望与追求，令人感动；她克服困难、超越自我的勇气和毅力，令人震撼。

《我生活的故事》以真实、自然的笔触再现了海伦·凯勒生命之初二十一年的生活，为世人留下了一首难以忘怀的生命之歌，激励了一代又一代读者。该书内容丰富、生动、真实、有趣，是自传文学中的典范。